一切 從信心開始。

暢銷散文作家
黎詩彥——著

55篇
助您**向上提升**的
信心操練

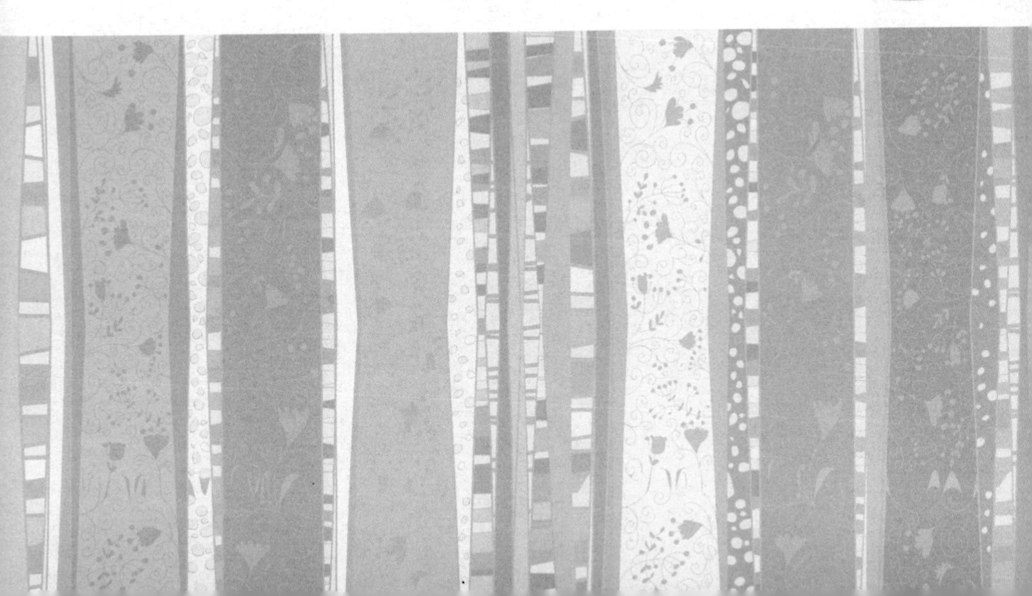

目錄

PART 2 你為什麼沒有自信？

PART 3 到底**要怎樣**才能有自信？

PART 4 他們也不是生下來就這麼有自信

PART 5 殺死信心的十句話

推薦序

信心就是：堅持到底，永不放棄

「信就是所望之事的實底，是未見之事的確據。」（希伯來書十一章11節）面對未知的明天、前所未見的挑戰、末後的世代，我們不只需要人本的信心，更需要超越自我、從天而降的信心。

讀書、考試需要信心，工作、投資也需要信心，結婚、生子，更需要極大的信心。信心關乎我們生活和生命的每一個層面。幾乎所有美好的事物，都要從信心入門。這本書以淺顯又激勵人心的小故事，帶領讀者進入另外一種信心的領域，幫助讀者不只思考信心的內涵，更能藉由實際的操練，活出充滿信心的生命。期盼透過這本書，人們可以擁有眞實的信心，同時遇見那位信心的源頭——超乎時空、掌管萬有的上帝。

在教會裡，我常常鼓勵我的會友，信心就是：堅持到底，永不放棄。願上帝的愛激勵我們，讓我們一起展開這段信心之旅，迎向美好豐收的前程。

顧其芸
新生命小組教會主任牧師

自序

真實的自信，總在放下自己之後

如果你期待這是一本幫助你正面思考，教導你如何在心裡吶喊「我其實很不錯」、「我一定做得到」的書，那麼我奉勸你現在就把它闔上。

誰不知道正面的思想可以吸引正面的好事？

誰不知道自信的祕訣在於別跟自己過不去？

然而，如果事情真的都像江湖上傳說的那麼簡單，世界上又怎麼還會有這麼多缺乏自信的人兒？

就讓我們打開天窗說亮話吧！

正面思考的確可以讓我們的人生變得更加美好，問題是，這個道理我們知道，卻常常做不到。

鼓勵沒自信的人正面思考，如同要失去親人的家屬節哀順變一樣，一點實際的作用都沒有。

撰寫這本書的同時，我觀察了很多人從醜小鴨變天鵝的過程，發現他們經歷了一個共同的轉折點。

這個轉折點非常重要，卻一直被人忽略。

大家似乎很有默契地刻意迴避這點不談，也難怪地球上有百分之七十的人，都認爲自己缺乏自信！

究竟這個不爲人知的祕密是什麼呢？說出來可能會嚇你一大跳！

一般人都以爲，缺乏自信的原因是因爲不夠相信自己、太過看輕自己。事實正好完全相反！

沒自信的人往往把自己放得很大。

他們不相信別人的安慰和鼓勵，只相信自己的感覺和經歷。

他們沒有辦法忍受別人的意見和批評，卻常常在心裡偷偷地批判別人。

越是把注意力集中在自己身上，就越容易對自己感到失望。

我也曾經歷過這樣的過程，從小到大，我一直沒有自信，總是想著：「別人會怎麼看我？」「我這麼做，別人會不會不喜歡我？」「我要怎麼樣才能讓自己看起來更好？」

我在人群中，連笑都無法笑得自然。旁人的一句話、一個眼神，就足以打亂我一整天的心情。

我以爲，只要功課好一點，我就會有自信。

我以爲，只要打扮得漂亮一點，我就會有自信。

我以爲，只要賺到很多錢，我就會有自信。

然而，那些東西只讓我變得虛浮驕傲，並沒有帶給我眞實的信心。

我仍然很害怕自己不夠好，仍然會擔心自己不能符合別人對我的期待。

就算我告訴自己一千遍、一萬遍「不要在乎別人！」我還是會無藥可救地在乎別人對我的看法！

後來，我發現，我之所以那麼沒自信，不是因爲我太在乎別人，而是我太在乎自己，我把自己看得太重。

每次做錯事，我都好怕別人會笑我。

但其實，人家根本沒那麼在意我。就算笑我，他們也是笑過就忘了。

每次被批評，我都覺得很受傷，不明白別人為什麼要這麼對我。

但其實，人家只是隨口說說而已，並不是針對我；更何況，有時他們批評得還眞有道理！

我開始改變我的思考模式，常常提醒自己：「丟臉就丟臉，又不會怎麼樣！不要把自己看得那麼大！」

這樣的想法讓我在和別人相處時，越來越安然自在，也越來越敢表現眞正的自己。

最近，我和一個十多年沒見的老同學重逢，他一見到我，第一句話就說：「你變了好多！你現在整個人都在發光！」

不只我有這樣的體悟，在螢光幕前總給人自信印象的小S，曾經也是個自卑負面的黑暗少女，靠著自殘的行為來吸引別人的關愛。

然而，別人的關心和注意並沒有讓小S感到滿足，她仍然常常沉溺在自怨自艾的情緒中。

一直到她發現，她之所以這麼在意別人有沒有關心她、夠不夠瞭解她，是因爲她把自我放得太大。當一個人眼中只有自己的時候，自然看不見身旁其他値得感激的人事物。

爲了找回快樂，小S試著不把自己看得那麼重、那麼大，就算別人不認同她、不喜歡她，她也會樂觀地告訴自己：「算了，沒差！」靠著這樣的想法，小S在鏡頭前總能有最率眞自然的表現，也因此獲得許多觀眾的喜愛。

現在，你發現醜小鴨變身天鵝、贏得自信的關鍵了嗎？那個奇妙的轉折點，無非就是「放下自己」。

雲門舞集的創辦人林懷民說：「當我不再苦苦『追求自信』，攤手看見『我就是這樣』的時候，自信才眞的由內在升起。」

自信的人絕對夠「謙卑」，所以才能不斷前進且永無止盡地改變和學習。

自信的人絕對夠「單純」，所以不會因爲過度複雜的心思而分散有限的精力。

自信的人焦點通常不在「自己」身上，他們注視著自己以外某個更大、更重要的價值。

當人把自己縮小，頭上的那片天空就會變得更大。

原來，不固執、不主觀、不自我中心的人，才是最有自信的人！

Part 1.

有自信的人這麼說

有自信的人，不會只剩一張嘴：想要完成夢想，現在就要開始行動。
自信不是一廂情願，而是不輕易和現實妥協。

作一株有活力的小草

在許多人的眼裡，「自信」這東西，似乎是一切問題的答案。
爲什麼一個人老是什麼事情都做不好？因爲他沒有自信。
爲什麼一個人很努力卻總是失敗？因爲他缺乏自信。
爲什麼一個人不肯努力？因爲他失去了自信！

自信，就像是開啓成功人生的那把鑰匙。只要有自信，醜小鴨可以變天鵝，麻雀也可以變鳳凰，條條大路都可以通羅馬。

要是缺乏自信，璀璨的鑽石也只不過是塊石頭，耀眼的孔雀也只不過是隻小鳥。沒有自信的人，就算擁有再美好的外表、再偉大的成就，也不會對自己的人生感到滿意。

自信對我們究竟有多重要？

說得直接一點，一個人只要有自信，即使什麼東西都沒有，也照樣可以活得快樂、活得滿足、活得有盼望。

相反的，一個人沒有自信，就算擁有了全世界，也會覺得自己什麼都沒有。

那麼，到底要怎樣才能有自信？

我認識很多學業成績不理想的中輟生，他們普遍缺乏自信。他們告訴我，如果功課好一點、考試分數再高一點，或許他就能夠對自己有信心了。

這些學生認爲自己之所以沒有自信，是因爲事實擺在眼前，自己眞的什麼事都做不好！

奇怪的是，我認識另外一群功課很好、頭腦很好、什麼事都做得很好的資優生，他們也告訴我，其實他們對自己一點信心也沒有。

「因爲總是會有人比我更好啊！」

怕輸在起跑點上，又怕輸在終點線上。贏了別人，還要再贏過自己。這一次表現得很好，下一次也要再接再厲！

問題就在這裡，短暫的榮耀、勝利、掌聲、光環……，其實並不能帶給人長久眞實的自信。

那麼，到底要怎樣才能有自信？

有個故事是這樣說的。一個國王在皇宮的花園裡散步，他看到園子裡滿是枯樹，一片死氣沉沉，感到非常詫異。

一問之下，他才知道花園裡的松樹因爲怨自己不像榕樹那樣枝繁葉茂，所以積鬱成疾。

榕樹又恨自己不能像蘋果樹那樣結出漂亮的果實，所以悶悶不樂。

蘋果樹也病倒了，因爲他羨慕葡萄藤又纖細又嬌嫩，能夠以優雅的姿態蔓延，不像自己一點腰身也沒有！

所有植物都不滿意自己，一個個怨聲載道，只有國王腳邊的一株小草，依舊長得碧綠青翠，生氣勃勃。

國王見到它，感到非常高興，好奇地問它說：「小草啊，別的植物都活得不快樂，爲什麼你還可以這麼有活力，一點都不受它們影響呢？」

小草回答：「因爲我知道，雖然我算不得什麼，但如果您要一棵松樹，就會種一棵松樹，您要一棵榕樹，就會種一棵榕樹；而您既然種下我這株小草，就是要我作一株小草，所以我就心滿意足、盡心盡力地作一株小草。」

眞實的自信，不在於努力表現得跟別人一樣好，甚至比別人更好；而在於知道自己是一株草，是由國王決定要種下的一株草，所以根本不需要跟別人比較。

有些人活得很痛苦，是因爲他們不停地去追求錯誤的東西。努力、奮鬥、拚命向上爬，都不一定能讓我們達成自己夢寐以求的目標，如果我們一開始就把目標設定錯了。

原來，有自信的人未必明白自己有多少價值，他們只是找到了自己存在的意義。

【這樣就能有自信】

會作人，就是會作自己。因為作自己，人家喜歡你、接受你，這才是真的你。

～知名演員、模特兒　林志玲

當我們還是孩子的時候

什麼樣的人才是有自信的人？

我認爲，世上最有自信的人，莫過於嬰孩了。

每個嬰兒剛出生的時候，都是很有自信的。他們想哭就哭，想叫就叫，吃飽了就拉，拉完了就睡，自在無比，一點都不跟你客氣！

小孩子不會隱藏自己的需要。餓了就喊餓，累了就要人抱，有問題就問，很依賴大人。他們不會說：「我都會，我都懂，我不想給人添麻煩，我可以靠自己。」

小孩子的想法很直接。如果在課堂上，老師問：「我有一顆糖果，誰要？」全班小朋友一定通通都舉手說：「我要！」

他們不會想：「如果我拿了這顆糖果，老師會不會要我怎麼樣？」「糖果只有一顆，若是別人也舉手，我會不會得不到？」

不像大人，總是想得太多。

小孩子很聽話。叫他唱歌，他就唱歌；要他跳舞，他就跳舞。他們不會擔心：「別人會怎麼看我？」「我萬一做不好怎麼辦？」

小孩子很願意學習。大人教他用什麼語氣說話，他就用什麼語氣說話；教他用什麼方式刷牙，他就會乖乖地照做。他們不會固執地說：「爲什麼我不能照我自己的意思？」「爲什麼我一定要聽你的？」

小孩子很天眞。很少孩子不喜歡被拍照，倒是有很多大人不喜歡照相，因爲大人們經常覺得自己不夠上相，不想被人看到自己不夠完美的一面。

小孩子根本不管那麼多，因此他們的每張照片、每個表情都充滿著自信。

當我們每個人還是孩子的時候，都曾經滿懷自信。

小孩子不怕表現出自己不好的、醜的那一面。他們能夠接受自己本來的樣子，他們也相信自己長大了以後就會變好、變漂亮。

大人正好相反，大人通常不太能夠接納自己眞實的樣子，也不相信自己有朝一日能夠改變。面對自己的缺點，大人總是孩子氣地說：「我就是這樣！」

難怪許多人隨著年紀的增長，面子長大了，自尊養大了，自信卻一點也沒有增加！

原來，有自信的人未必很有能力，他們只是像孩子般有顆單純的心。

【這樣就能有自信】

人的難題不在於他想採取何種行動，而在於他想成為何種人。

～美國哲學家與心理學家　威廉．詹姆斯

電視歌唱選秀節目出身的梁文音，是我很喜歡的一位歌手。聖誕節時，我去聽了她的室內音樂會。

除了清亮悅耳、穿透靈魂的動人嗓音外，梁文音也和現場聽眾分享她的成長歷程。

對她而言，她生命中有絕大多數的養分自那段在六龜育幼院長大的時光。

梁文音說，育幼院裡的同伴，每個人的身世都比她淒涼，卻都比她還要樂觀積極，對生命充滿熱情。

記得有一次，她最好的朋友跑來找她，像發現新大陸似的，一臉驚奇地對她說：「我告訴妳，我們班上的那個某某某，今天他爸爸開了一輛好漂亮的新車來接他放學耶！還有坐在我隔壁的那個女生，她媽媽買給她一個新的鉛筆盒，是粉紅色的，而且是雙層的喔！」

在育幼院長大的孩子，從很小的時候就知道，育幼院的圍牆外面，有一個更幸福的世界。

在那裡，家裡有爸爸、有媽媽，是再平常不過的事情；在那裡，不時可以聽到爸爸豪邁的笑聲，放學一回到家，就可以看見媽媽在廚房裡忙碌做菜的身影。

而住在育幼院裡頭的孩子，和那裡的孩子不一樣，也永遠不可能和他們一樣。

正當梁文音想說幾句話來安慰她的好朋友，勸她不要羨慕別人時，突然間，那女孩露出燦爛的笑容，很得意地對梁文音說：「雖然他們有那些，但是我跟妳打賭，我們敢走吊橋，他們一定不敢！」

原來，有自信的人未必擁有很多，他們只是常看自己所擁有的那一點點。

我曾經看過一則關於六龜育幼院的新聞報導。從六龜育幼院出來的孩子有個共同點，就是他們都很希望有一天能見到那位遺棄自己的爸爸或媽媽。

到時候，他們不會問爸媽：「當初爲什麼不要我？」也不會埋怨他們：「怎麼可以這麼不負責任！」他們只想對自己的親生父母說一聲：「謝謝你。」

謝謝你給了我生命，謝謝你當初的決定。謝謝你讓我看見了別人有的我都沒有，所以我學會了用盡自己全部的力量，去把握自己所擁有的全部。

這是許多六龜孩子們的心聲，也是他們有自信的理由。因爲他們懂得數算恩典，所以總是能夠看見陰影背後的太陽。

【這樣就能有自信】

感激使我們將他人的優點變成自己的財富。

~法國文學家　伏爾泰

無論如何，跑下去，就對了

一位在非洲採訪的記者說：「在非洲的每個早晨，羚羊一醒來就曉得自己必須比最快的獅子跑得快，否則就有喪命之虞。獅子每天早上醒來，也知道自己必須比最慢的羚羊跑得快，否則就會餓死。無論你是獅子還是羚羊，太陽升起時，你最好就開始跑。」

只有拚命跑，才會有活下去的自信。

停滯不前的人通常很難有自信，因爲當一個人停止不跑了，就必須面對被淘汰的危機，籠罩在恐懼的陰影裡，如此一來，怎麼可能自信得起來？

我發現，自信與活力有著很密切的關係。

有自信的人往往特別有活力，他們對事物充滿好奇，喜歡學習和嘗試，也很懂得關懷別人。

相反的，欠缺活力的人似乎也缺乏了自信，做事沒精打采，對工作不滿意卻又沒信心換工作，不願意突破也不吸收資訊，下班馬上關

手機，最愛守著電視機，還經常把自己的「原地踏步」美化成「知足常樂」！

內在的自信會帶出外在的活力，同樣的，外在的活力也能反映出內在的自信。

有活力的人就像發電機一樣，總是能夠產生出自信。

我有位從事電話行銷工作的朋友，生性開朗，對人充滿熱忱。美中不足的是，他有大舌頭的毛病，說起話來口齒不清，對方要很仔細聽才能聽懂他在說些什麼。

從客觀的角度來看，這樣的人去作電話行銷，簡直是自找死路！奇怪的是，我這個朋友連續幾個月都打敗其他伶牙俐齒、口若懸河的業務員，成爲全公司業績最好的銷售冠軍，跌破眾人眼鏡。

問他到底有什麼推銷祕訣？

他說：「我只是比別人打更多電話而已，人家打一百通，我就打兩百通。我的起跑點跟別人不一樣，但是我可以用兩倍的力氣跑。」

不難想像，用電話來推銷產品，一定是成交的少，被拒絕的多。我問他：「你一直打電話，一直被拒絕，難道不會感到挫折嗎？」

「會啊！所以我發明了一套克服挫折感的方法，就是不要停，繼續打。掛上電話之後，馬上接著打下一通。」

這讓我想起一個故事：一天，烏龜和兔子展開第二回合賽跑，兔子告訴烏龜說：「你輸定了！這次我絕對不會再睡著！」

烏龜聽了，非但沒有氣餒，而且還笑著對兔子說：「你跑得很快沒有錯，但是別忘了，你會停，我會跑；終點在哪裡，誰也不知道！」

無論你是烏龜還是兔子、是獅子還是羚羊，跑下去，就對了！你會越跑越有活力，越跑越有自信！

人生沒有快或慢，終點也不知遠或近。不要停，你有的是機會；停下來，你便蹉跎了大半人生。

大多數人都不願意面對的事實是：一旦你起跑，就有可能輸；但你若不跑，就一定會輸！

原來，有自信的人不見得跑得比別人快，他們只是太陽一升起，就開始往前跑。

【這樣就能有自信】

我不能忍受還未學好就放棄。

～第十八屆金曲獎最佳國語女歌手　蔡依林

我敢跟別人不一樣

有個事業非常成功的朋友曾經告訴我：「什麼是自信？自信就是當所有人都反對你時，你仍然有信心堅持自己的選擇。」

如果你所在的公司部門，每個人都違法收取廠商的賄賂，你明明知道那是不對的，但是，你會不會也跟著大家一起收？

如果你所屬的班級，考試作弊儼然成了一種眾所皆知的「規矩」和「傳統」，你知道那不符合你的道德標準，但是，你要不要跟著大家一起「敦親睦鄰」、「守望相助」？

那位成就非凡的朋友向我說起他大學時代的往事。

當時班上作弊的風氣很盛，而他的成績又很好，立刻成了班上「作弊集團」的頭號目標。

「作弊集團」的頭頭威脅他說，如果他不顧念同學情義，在考試時提供答案「罩」大家，就會讓他「死」得很難看！

在十八、九歲的年紀裡，哪個年輕人不害怕得罪人？哪個年輕人不把人際關係看得比什麼都重要？

一想到若不乖乖合作，就要被班上同學貼上「自命清高」、「自私自利」的標籤，成爲大家的眼中釘，我這個朋友眞不知道未來四年要如何在學校繼續生存下去！

也許作弊對一般人來說只是件小事，不需要看得如此嚴重，更何況他只是提供答案給別人抄，還可以勉強說服自己是在日行一善、幫助同學，又沒有對不起任何人，幹嘛要感到內疚和自責？

「但我是個基督徒，我知道作弊是上帝不喜歡的事情。」他說。

於是，他陷入了天人交戰、左右爲難的僵局，最後他想到，反正橫豎都是「幫人」，他何不用另外一種更正當、更實在的方式來幫人呢？

他把自己上課的筆記影印給班上同學一人一份，並在考試前一天邀請大家一起溫書，由他來替大家免費補習。

同學們看見他願意大方地分享筆記，一點都不藏私，還犧牲自己讀書的時間替大家複習功課，都覺得非常驚訝，也都被他的誠意所打動。

不會有人說他不合作、不上道，就連當初那個威脅他的「作弊集團」頭頭都很佩服他「堅持不作弊」的精神。從他身上，同學們看見了那份「再辛苦，也要堅守誠實正直」的自信。

他所在的班級，讀書風氣開始改變，越來越多人漸漸願意腳踏實地地準備考試。當然，他也成了學校裡人緣極佳的風雲人物，暗戀他的女生多到排隊可以繞操場一圈！

從他的身上，我看見了眞實的信心。

在充滿掌聲的環境裡，任憑誰都可以有自信；但是當掌聲不見了，取而代之的是嘲笑的聲音、羞辱的聲音、恐嚇的聲音……，各種批評論斷從四面八方向你逼近時，你是否還能相信自己原本相信的？只有經得起考驗的信心，才是眞實的信心。

你我生命會不會就是缺乏了那麼點眞實的信心，而造成我們隨波逐流、左右搖擺，甚至限制了我們的理想，找不到未來的方向呢？

原來，自信不是「我要證明自己比別人好」，而是「我敢跟別人不一樣」！

【這樣就能有自信】

人不要害怕做有理想的事，對一件事的理想、熱誠、堅持很重要，不要懷疑。

～資深媒體人　陳文茜

「武功祕笈」與「獨家配方」

自信和自負，通常只有一線之隔。

前文提到那位在考前替同學補習、主動和大家分享筆記的朋友，雖然成功堅守住自己的原則，但同時也替自己招來了另外一個危機——就是當同學們的成績都進步了，他的成績相對之下，也就不再那麼突出。

我知道他的家境不是很好，獎學金對他來說是一筆很重要的收入，難道他不擔心他教同學讀書，會讓自己因此失去獲得獎學金的機會嗎？

只見他一派輕鬆地回答我說：「我當然會擔心，所以我得更用功才行。」

那為什麼不乾脆隱藏實力，把「武功祕笈」偷偷留一手呢？

「因為不怕人學的，才是大師啊！」他笑著說：「我願意和大家分享我的筆記，就是眞心希望班上同學的成績能夠提昇，每個人都能從中獲益。他們考得好，我替他們開心都來不及了，幹嘛還要暗留一手？若是因此我被比下去了，那也是對方本身有實力，絕對不是因爲看了我的筆記！」

他還作了個比喻說，他的筆記就像是名廚的食譜，儘管那些廚師都已經把祕方大公開，把私房絕學都搬出來了，但是一般人照著食譜做，卻不可能做得比師傅好，因爲做菜的功夫、手法、技巧和熟練度，都不是看食譜就能學會的。

「所以說，我其實還是有留一手啊！我整理筆記的功夫、我花在課業上的時間，都是他們學不來的！」他說。

原來，自信不是打敗眾人、搶下稀世眞傳的武功祕笈，而是花心血、下苦功，創造出屬於自己的獨家配方。

無論是知識、才華、創意……，哪樣不是人外有人、天外有天？即使是嘔心瀝血研究出來的獨家配方，也很可能有一天會被長江後浪所超越，唯有用歲月所累積出來的實力，不能被取代。

【這樣就能有自信】

人生中最好的報酬之一就是：如果你誠心誠意地幫助別人，你自己也會因此而受益。

～美國詩人　愛默生

拒絕仿冒的「正妹」

有位經常到上海出差的朋友告訴我，她最困擾的一件事，就是每次去大陸時，都會有人託她買「A貨」回來。

她氣憤地說：「假貨就是假貨，哪裡還有分什麼A跟B！就算仿得再像，畢竟也不是眞的啊！」

起先，我不明白她爲什麼這麼生氣，不過就是舉手之勞而已，幫忙買個東西，有這麼爲難嗎？再說，是幫別人買的，又不是自己要用的，幹嘛這麼在意ＡＢＣＤ的問題？

我反問她，難道她自己從來沒有用過仿冒品？

「當然有！」她很誠實地回答我：「以前我也追求名牌，看到那些幾可亂眞的仿冒品，價格那麼平易近人，我抗拒不了，只好認分地把錢掏出來。」

那麼，是什麼改變了她的想法呢？

她說：「每次我帶著仿冒的名牌皮包出門，都很希望受到別人的注目，想讓人家知道我很有能力、我生活過得很好。但是，當朋友們眞的向我投以羨慕的眼光，讚嘆我的包包好漂亮、和我的氣質好相配時，我卻一點也高興不起來，反倒覺得很心虛，因爲我知道那是假的。縱使別人都看不出來，我還是覺得自己像是在說謊騙人。

「有一天，我領悟到，原來我是個貪心的人，我不只貪小便宜，而且還很貪慕虛榮。我喜歡名牌並沒有錯，但是我不顧一切地去追求那些超出我經濟能力範圍的東西，這是虛榮。我想要享受名牌的光環，卻不願意付出等值的代價，這是貪便宜。所以我決定，如果要用名牌，我就要用正版，不要爲了省錢而降低自己的格調；如果買不起正版，那我就選擇自己能力負擔得起的其他牌子，不要再貪心。」

聽了她的這番話，我給她取了一個綽號，叫作「正妹」。因爲除了名牌皮包以外，她也只買正版專輯、正版影碟……。她說，這是一種原則。

生活在五光十色的大都會裡，誰能不被高貴不貴的東西吸引？誰不嚮往光鮮亮麗的人生？

然而，我們所追求的高貴是提昇了我們的品味，抑或只養大了我們的胃口？亮晶晶的人生是照明了我們前方的道路，還是只是讓我們更加陷入虛假的迷霧？

人性本來就偏好美麗的事物，但若想要擁有「眞善美」的人生，就必須先看重「眞實」，「善」和「美」才會隨之而來，否則我們所能得到的只有僞善和俗麗罷了！

原來，自信不是一味地追求榮耀，而是能夠堅守原則。現在的她，少了名牌襯托，卻活出了更高貴的人生。

【這樣就能有自信】

要做就要做對的事，而不是把事做對。

~JULIA高級訂製服設計總監　慕少萍

上帝給人最棒的禮物

我家樓下有間麵包店，每天清晨五、六點就會飄出烤麵包的香味。常常我人還沒醒，肚子就已經醒了，麵包迷人的香氣讓我每天的生活都有好的開始。

據我所知，經營麵包店是非常辛苦的，不但天還沒亮就得起床揉麵糰，而且一個禮拜七天都要開店營業、不能休息。

隔夜的麵包不能賣，所以麵包的製作量必須算得很精準。

最近，麵粉、糖等原物料又漲價了，想必麵包師傅的壓力又更大了！

我認識的這位麵包師傅從日本留學回來，手藝非常獨到。

他從小就對製作麵包很有興趣，也很有天分，但經商的父親卻認為：君子遠庖廚，男孩子做什麼麵包！

當年考大學時，父親逼他唸商科，期望他能繼承家業。

他不忍心讓父親失望，所以花了四年拿到企管學位。

大學畢業的那一天，他對父親說：「你的要求我已經做到了，接下來我要去走我想走的路！」

於是，他拎著一只背包，帶上自己全數的家當飛去日本學做麵包。

他的爸爸氣得差點進醫院，威脅他要脫離父子關係。

他說：「如果脫離關係，你就會失去唯一的兒子；維持現狀，你還可以吃到你兒子做的麵包。」

在日本，他語言不通，學做麵包學得很辛苦，經常被麵包店的老闆責備，被同事嘲弄。

但興趣的奧祕之處就在這裡，人一旦有熱情，就會甘願吃苦。

漸漸的，他從小學徒變成了大師傅，還從師傅變成了老闆。他做的麵包深受好評，每天下午四、五點，店裡的麵包就已經銷售一空。

這幾天的天氣很冷，早上我到樓下買麵包時，看見他依舊笑容滿面地在工作台前忙著揉麵糰。

我問他：「這麼冷的天，麵糰會不會不好發酵？」

他說：「不管天氣冷熱，麵糰都要配合當天的溫度、濕度才會發酵得好，我們人也是一樣。」

我看著他臉上滿足的笑容，知道他正享受著最適合自己的溫度與濕度。

上帝給人最棒的禮物，莫過於「天分」。

爲什麼你擅長做這件事，別人卻怎麼做也做不好？爲什麼你喜歡做這件事，別人卻不見得喜歡？

我相信，上帝給每個人不同的天分，必定也爲每個人設計了獨特的人生藍圖，讓我們得以發揮天分，並且依著個人的天分發展出美好的成就。

你期待自己的人生能夠少一點挫折、多幾分快樂嗎？那就發掘自己的天分，順著上帝爲你預備的藍圖走，從很小很小的點出發，一直到你看到這個點散發出來的火花爲止。不要懷疑，不要小看自己，試著爲你的天分喝采吧！

原來，自信不是來自於別人的肯定，而是能夠順應天氣的變化，讓自己的天分發酵。

【這樣就能有自信】

人要順著天分做事，逆著個性做人。

～知名電視節目製作人　王偉忠

我不是英雄，我也會害怕

二〇一〇年，海地發生了七級大地震，這個消息震驚了全球，人們紛紛感嘆末日到來、生命無常。

台灣的媒體雖然也強力播送這則新聞，但台灣人似乎對遠在天邊的海地沒有太深厚的感情，許多人甚至連海地在哪裡都不甚瞭解。

大多數的台灣人也不知道，在來自世界各地的醫療救援隊中，有一名姓簡的台灣醫生也悄悄加入了救災行列。

我是簡醫生多年的病患，簡醫生對待病人就像家人一樣，很親切、很細心。

當他聽說海地發生這麼劇烈的世紀災難時，第一時間加入國際醫療救援團，花費七十二小時、轉乘三班飛機，自費前往海地。

是什麼原因讓他願意為遙遠國度的陌生人民作出這麼大的犧牲？

簡醫生說：「因為海地的人民需要醫生，而我是一個醫生。我覺得我考上了醫學院，順利地當上醫生，接受了很好的醫學教育，好像就是爲了這一刻，好像就是爲了要去幫助海地那群無助的災民。」

這麼一個看似簡單的決定，其實經過許多掙扎。

掙扎一：簡醫生自己開診所，若是去海地救災，診所勢必要歇業十幾天。這段沒有營業的日子，前來看病的病人怎麼辦？護理人員的薪水又怎麼辦？更別提他不在的期間，他的妻子和孩子怎麼辦？

掙扎二：海地的災情已經嚴重到難以想像的地步，根據媒體報導，當地人整天只做一件事情，就是收屍。

前往救援的醫療團除了要適應當地短缺的物資和簡陋的醫療設備外，還要防範瘟疫、傳染病等問題，只要疏忽任何一個小細節，隨時都可能送命！

掙扎三：當地的治安也是一大問題，對死亡的恐懼和憤怒使部分居民淪爲暴民，爲了搶奪救援物資不惜殺人放火，資源豐富的醫療團極有可能成爲亡命之徒們下手的頭號目標。

這些問題，簡醫生比誰都清楚。

越靠近目的地，他的心情越忐忑不安；但是，他仍然堅守當初的決定，沒有退縮。

在海地的救援行動中，醫療團隊日以繼夜地搶救傷患，幾乎連睡覺的時間都捨不得花，光是簡醫生一個人就醫治了三百多位病人。

回顧這段心路歷程，簡醫生說：「我不是英雄，我也會害怕，只是大家的鼓勵和上帝的愛支撐著我，讓我敢往前踏出一小步。」

聖經裡有句話說：「愛既完全，就把懼怕除去。」（約翰一書四章18節）面對未知的事物，人人都會恐懼；所謂的勇氣，也只不過能夠用來「壓抑」恐懼的感覺。眞正能夠「消除」恐懼的，是那一份憂人所憂、苦人所苦，感同身受、心急如焚的愛。

當我們的心漲滿了對災民、朋友、家人和對世界的愛，恐懼自然無處可容，一點作用也沒有。

原來，自信不是沒有恐懼，而是有比恐懼更大的使命。

【這樣就能有自信】

創業與登山看來差異很大，卻一樣需要膽識，因為都在走一條未知的路；除了膽量外，你更要有「識」。

～信義房屋董事長　周俊吉

抓住每一個偶然的機會

有個懶漢想找世界上最輕鬆的工作。

朋友介紹他去看守公墓，並對他說：「世界上再也沒有比這更輕鬆的工作了。」

不過，這個懶漢只去做了兩天就辭職了。

他說：「這眞是太不公平了！他們全都躺著，只有我坐著，這種苦差事，我才不幹呢！」

認爲這個世界不公平的人，永遠都找得到機會抱怨不公平。而曾被選爲「全球最受矚目五十位女性」的日本作家勝間和代卻說：「發生的事情都是正確的。」她將這句話視爲自己的人生座右銘。

對她而言，在人生旅途中發生了什麼事並不重要，重要的是如何善用那些發生的事。

勝間和代把她自己的成功，歸因於一次又一次的偶然。

第一個偶然發生在她國中的時候，勝間和代無意間發現有位家境很好的同學父親是會計師，當時她想：只要當了會計師，就能賺很多錢。爲了改善家境，她決定要成爲會計師。

當同年紀的孩子都還在作著白日夢時，勝間和代已經開始踏實地築夢，也因此，十九歲那年，她成爲全日本最年輕就拿到執照的會計師。

雖然勝間和代對會計師的工作性質並不是眞的那麼感興趣，但是，會計師的專業身分讓她在職場上很容易得到別人的認同，也讓她有機會結識各界的精英和翹楚。

正因爲如此，勝間和代的朋友圈包含了各式各樣的人物。

某天，她在部落格上推薦朋友寫的一本書，想不到她的文筆竟被發行那本書的出版社老闆相中，隨即找她出書。

在這之前，勝間和代從來沒想過，自己會從會計師搖身一變成爲作家。

隨著書籍的暢銷，勝間和代的知名度也跟著大開；不過，她的好運還沒有結束。

一次，勝間和代在書中提到，她很喜歡某位女歌手的歌，於是出版社安排她和那名女歌手碰面。

原本只是很單純的餐敘，卻因爲勝間和代那時正好聲帶受損，講話非常吃力，那位女歌手聽到勝間和代沙啞的聲音，立刻熱心地傳授她正確發聲的方式，讓勝間和代從此懂得運用聲音，走出書本，踏上舞台，成爲專業自信的演講高手。

彷彿小說一般的曲折情節，卻眞實地發生在勝間和代的身上。身兼作家、演說家、會計師三重身分的她，就自身的經歷有感而發地說：「實力固然重要，掌握偶然的能力，在這個時代更爲重要。」

沒有一個人不想要掌握偶然的能力，但是你知道嗎？一旦你認爲發生的事情對自己並不公平時，就等於錯失了善用這次偶然的機會。

別以一時的成敗論公平，公平與否，要走到終點才知道。

沒自信的人通常只會說：「爲什麼這種事要發生在我身上？」有自信的人卻說：「這件事發生在我身上，而不是發生在別人身上，一定是上帝要透過這件事讓我看見些什麼！」

好運沒有別的祕訣，無非就是抓住每一個偶然的機會，跟隨上帝的安排一步步地往前進。

當我們攀越高山、跨過低谷，猛然回頭一看，才發現：啊！原來一切都不是偶然！在那一個一個看似偶然的背後，其實有一雙看不見的手，爲我們關上一道一道門，也爲我們打開一扇一扇窗。

英國作家華爾波把這樣的偶然稱爲「意外的智慧」，是意外還是智慧？端看各人的信心。

原來，有自信的人不見得相信自己是正確的，他們只是相信「發生在自己身上的事，都是正確的」。

【這樣就能有自信】

沒有僥倖這回事，最偶然的意外，似乎也都是事有必然的。

~現代物理學之父　愛因斯坦

有缺乏，但是沒煩惱

前陣子，我和老同學相聚。出社會有一段時間了，我的同學都已經在社會上很有成就，除了我以外，幾乎每個都是主管。

然而，當我們聊到最近的生活時，似乎大家都對現狀有所不滿。

有人說：「我沒有存款，我的錢老是不夠用。」

有人說：「我沒有房子，到現在每個月都還在繳房租。」

有人說：「我沒有男朋友，親戚朋友老是問我到底什麼時候要請他們喝喜酒。」

也有人抱怨自己沒有好工作、好老闆、公司股票跌停板、老公在家不肯幫忙拖地板……。

在一片愁雲慘霧的聲浪中，我想我也應該附和大家，加入「我沒有……」的造句行列吧。

但是我想破了頭，實在想不出來自己到底沒有什麼；最後，我只好說：「我沒有……我沒有煩惱。」

這是眞的！雖然我同學沒有的，我也跟他們一樣沒有；我同學擁有的，我也不見得有，但是我不覺得少了那些東西對我有什麼影響，更不會爲那些需要煩惱。

不是我特別鴕鳥心態，也不是我在自欺欺人，而是我已經學會了知足的祕訣。

雖然沒有存款，但是我卻從未餓過一餐。

雖然沒有房子，但我每一晚都睡得香甜。

在寫下這段文字之際，我已經年過三十卻還沒有男朋友，但是，在我的身邊有很多愛我的人和我所愛的人。

我和大多數人一樣努力工作，爲了實現夢想而辛勤耕耘，我經常付出卻得不到回報，偶爾也要面對挫折和失敗，但我並不爲此而煩惱。

因爲我知道，缺乏和挫敗本身並不能對我們造成多大的影響，憂慮才眞的會把我們擊垮！

我很喜歡日本暢銷名著《佐賀的超級阿嬤》裡頭的一段對話。阿嬤告訴孫子說：「窮有兩種，有窮得消沉和窮得開朗，我們家是窮得開朗；而且啊，我們跟最近才變窮的人不一樣，我們家的祖先可是世世代代都窮的喔！所以你不用擔心，要有自信！」

人生永遠都會有缺乏，憂慮不能改變什麼，喜樂的心才是解藥。原來，自信的祕訣不在於「沒有缺乏」，而在於「不為明天憂慮」。

【這樣就能有自信】

只要不搞砸人生，什麼我都能接受！

～知名藝人　小S徐熙娣

老得只剩下自信

女人年紀一到，就很難有自信。

特別是當妳年紀到了卻還單身，這個社會紛紛以「剩女」和「敗犬」來尊稱妳時，妳剩餘僅存的自信心很難不跟著被打敗。

當妳發現自己花在保養品上的錢越來越多，打來約妳出去的電話卻越來越少時，妳很難不問：到底要怎樣才能有自信？

偏偏人實在很容易迷失在虛假的信心中。

有的女生趾高氣昂地說：「沒關係，我一定會嫁出去！」這種人在收到朋友的喜帖時往往哭得最慘。

有的女生口氣很大地說：「無所謂，我不結婚也可以活得很好。」從另外一種角度來看，她們早已作好了最悲觀的打算，認爲自己註定要單身一輩子。

甚至有些女生把自信建立在鄙視男人的快感之上，覺得自己現在的生活近乎完美，根本不需要找個臭男人來毀掉自己的人生！這樣的人肯定有過不少前車之鑑，只是她們擇偶的品味這麼奇特，個性又那麼倔強，重蹈覆轍的可能性極大！

我的一位姊妹說得眞好，她說：「年輕女孩的自信，來自於知道自己不要什麼，一旦發現不是自己想要的，很快就能作出取捨；成熟女人的自信，來自於知道自己要什麼，只要確定了自己的心意，很快就能達到目標。」

上了年紀的人，有責任搞清楚自己到底要的是什麼。消極、擺爛、自我安慰的信心喊話，還是能免則免吧！

我很喜歡韓劇〈我叫金三順〉中那個名字俗氣、長相又不起眼的金三順。

三十二歲的她竟敢對著小她六歲的帥老闆理直氣壯地說，她的夢想就是要在三十三歲以前把自己嫁掉，然後和心愛的人一起橫渡太平洋。

眞的很敢講，對不對？

金三順後來達成了她的願望，因爲她非常清楚自己要的是什麼。

我也喜歡〈愛情殺手吳水晶〉裡的吳水晶。從別人眼裡看來，美麗又勢利的她從年輕時就打定主意要嫁給有錢人，因此傷了不少男人的心。

也因爲如此，都已經快要四十歲了，吳水晶在情場上屢遭滑鐵盧，她的夢想遲遲沒有實現。

這時候，她的初戀情人突然出現，表面上是在追求她，背地裡卻是要報復她。

然而，吳水晶並沒有中計上當，反而用眞心化解了兩人之間的誤會，因爲她雖然想結婚想瘋了，但是她始終堅持：「反正都等到這把年紀了，不是最好的男人我不嫁！」

吳水晶的迷人之處，正在於無論她遭遇了多少挫折、年紀有多大，都不曾想過要降低自己的格調。

年紀越大的女人，越應該有自信，因爲，妳很可能會老得只剩下自信！

有自信的人，不會只剩一張嘴；想要完成夢想，現在就要開始行動。

有自信的人，不會沒魚蝦也好；想要實現願望，就必須有所爲有所不爲。

原來，自信不是一廂情願，而是不輕易和現實妥協。

【這樣就能有自信】

你若拒絕一切，只肯接受最好的事物，通常都會如願以償。

~英國小說家　毛姆

Part 2.

你為什麼沒有自信？

有自信的人一樣會受責備或被藐視，他們之所以能活得很自在，是因為心裡有著真實的謙卑。

認錯是一種自信的表現

常常聽到人家這麼說：「像我這樣的好人，竟然會受到這麼不公平的待遇！到底有沒有天理啊？」

說這些話的人，通常都很理直氣壯。他們對於自己是「好人」這一點非常有自信，對於所謂是非對錯、公平與否也十分有把握。千錯萬錯，都是別人的錯。即使明眼人都看得出來，人家要插針，也要你自己有縫；人家要挖坑，也要你自己肯跳才行啊！他們還是堅持自己是受害的一方。

不能夠面對自己的錯誤，不願意接受失敗的後果，除了讓自己損失反省進步的機會以外，只換來更多的不甘心。

很多人在失戀時都會出現這樣的心態：覺得都是對方的錯、是對方對不起自己，甚至會演變成「我承認我有錯，但都是他害我犯錯！」（眞是的！砍了人還怪老闆幹嘛要賣刀子給你！）或是「我承認我有錯，但是他錯得比我更多！」（所以砍人的只要遇到殺人的，砍人的就不需要負責囉！）

他們都認爲自己是好人、是受害者，但是他們所看見的事實，卻未必是眞相。

我的一位女性朋友，和劈腿的男朋友分手後，便開始不斷重覆一句咒語：「我對他那麼好，他怎麼可以這麼對我？」

她對自己說，也對別人說。都已經分手快一年了，她仍身陷其中，無法自拔。

一直到前陣子，那個劈腿的男生因爲車禍意外，雙腿受了重傷，醫生宣判他可能要在輪椅上坐一輩子。

這眞可說是「天網恢恢，疏而不漏」，負心男終於得到了應得的懲罰！這個被辜負的女生應該感到欣慰，不是嗎？

然而，當她收到消息時，她當場跪在地上，爲自己的行爲哀哭痛悔。

她說：「這些日子以來，我不斷地埋怨他、怪罪他，比起他對我所做的，我的所作所爲才更過分！我口口聲聲說愛他，但我心裡其實只想到自己的欲望；我怪他劈腿、怪他自私，但我不尊重他的選擇，不見得比他不自私；我無法原諒他傷害了我，沒想到眞正傷害我最深的，是我自己。」

如果能夠早點看清這一點，早點原諒、早點釋懷、早點重拾歡笑，那該有多好？

當我們越放大別人的錯、越高舉自己的好時，我們或許可以活得理直氣壯，但終究還是不快樂。相反的，若我們願意承認自己的錯誤、面對自身的問題，往往很快就能從跌倒的地方再站起來。

原來，有自信的人不是絕不低頭，而是有足夠的勇氣承認自己的錯誤。

與其說是別人讓你痛苦，不如說自己的修養不夠。

認錯本身就是一種自信的表現。

【這樣就能有自信】

擅長找藉口的人很少擅長其他的事。

~美國著名政治家、發明家　富蘭克林

自信必須其來有自，沒有實力、空有信心就如同吹漲的氣球，一戳就破。

想要展現自信，必須先瞭解自己的優點和缺點。

我經常替一些參加甄試的準大學生和即將進入社會的新鮮人修改履歷，發現他們普遍的問題，就是不知道要怎麼善用自己的優點，又不能夠誠實面對自己的缺點。

很多人認爲自己的優點是「有禮貌」、「負責任」、「主動積極」……，但十個應徵者中有九個都自認爲有這樣的特質，這些優點並不會讓你具備比別人更多的優勢。想要表現突出，就必須思考要怎麼把自己的優點應用在待人處事和專業領域上。

例如，一個有禮貌的人，或許還具備了親和力，能夠很快與人親近，進退得宜，不容易得罪人。

一個負責任的人，通常會把事情做得盡善盡美，同時也能將時間管理得很好，辦事有效率、不拖泥帶水。

至於主動積極的人，必定有很多前瞻性的想法和見解，能看見別人所不能看見的。

只要適度延伸自己的優點，你的自信也會跟著擴張。

除了拓展優勢之外，誠實面對自己的缺點也很重要。只看好的不看壞的，就像一棟房子開了前門卻不關後門一樣，無論前門開得再大、優點再多，內在性格的缺點都足以抵銷你的優勢，讓你功虧一簣。

「一顆老鼠屎壞了一鍋粥」，說的就是這麼一回事！

我發現，很多人沒有辦法誠實承認自己的缺點。

個性懶散的人只會說自己是「少一根筋」；口才不好的人不會說自己練習不足、準備不夠，反而會推託是「生性內向害羞」。好像只要模糊了焦點，就能得到別人的諒解似的。

其實，這只是欲蓋彌彰，騙得了自己，卻騙不了別人！如果連我們自己都無法接納自己的缺點，又怎麼能期望別人去接受它呢？

人們常常花很多力氣去吸收知識，卻很少花時間來認識自己。然而，只有愈了解自己，不斷發揮自己的長處，才能眞正邁向傑出。

一個人最大的優勢，就是他十分認識自己。

原來，有自信的人未必優點比別人多、缺點比別人少，他們只是懂得放大自己的優點、誠實面對自己的缺點。

【這樣就能有自信】

練球與做人道理十分相似，就是真誠，每一秒都得付出最真實的自己，因為你騙不了自己。

~職業棒球選手　陳金鋒

牡丹花叢中的小雛菊

長得不夠好看，讓你缺乏自信嗎？

的確，外表的美醜會直接影響別人對你的第一印象，或多或少會對一個人的自信造成衝擊。

但是我看過太多人，明明已經長得眉清目秀、人模人樣了，卻仍然在我面前說：「怎麼辦？我超沒自信！」

問題出在哪裡？問題在於我們永遠對自己不滿意。

只有極少數人眞的認爲自己長得很醜，絕大多數的人心裡想的是：「如果我的眼睛長得跟濱崎步一樣大就好了！」「如果我的身材能像小S一樣穠纖合度就好了！」

當我們一心想得到別人所擁有的東西時，很容易忽略自己已經擁有的寶物。

我有一位擔任美容雜誌編輯的朋友，一次受邀去上一個討論美妝的電視節目。所有參與節目錄影的來賓不是美若天仙的藝人，就是身材比例完美的模特兒，只有她是唯一一個長得不出色、身材又矮小的平民老百姓。

身爲牡丹花叢中的一枝小雛菊，她不禁爲自己感到難過，覺得上帝眞不公平，爲什麼有的人一生下來就那麼漂亮引人注目，有的人卻一輩子註定平凡？

這時候，她忽然想到，爲什麼她只看人的外面，卻不去看人的裡面呢？

她仔細觀察這些藝人和模特兒，發現她們除了好看之外，還有另外一個共通點，就是她們每個人都很緊張，因爲漂亮的女生最怕自己周圍出現更漂亮的女生。

她再看看自己，發現自己的外貌雖然比不上其他人，但是那些美女們都很喜歡來找她講話，對她的態度特別親切自然。

她深深領悟到：「每個人都有自己的特質。那些女生的特點，就是讓人眼睛爲之一亮；而我的特點，就是不會讓其他女人緊張。我是個讓人相處起來感到很舒服的人。」

當她看清這一點時，消失的自信就又回來了。她再也不羨慕那些長得漂亮的女生，漂亮的女生總是會帶給身旁的人壓力，她卻具有

「紓壓」的功效，她的價值一點也不輸給那些美女！

想到美女們過的是永遠吃不飽、隨時得補妝、害怕今天的自己沒有比昨天更漂亮的日子，她更喜歡自己平凡自在、隨心所欲的人生。

你是否也常常對自己感到不滿？認爲自己永遠比不上別人？

那是因爲你只看見了「價格」，卻沒有看見「價值」；只看見了「材質」，卻沒有看見「特質」。而眞正能夠決定你一生的，是你的「價值」；眞正讓你領先群雄的，是你的「特質」。

原來，有自信的人未必對自己感到滿意，他們只是爲自己獨有的特質感到滿足。

【這樣就能有自信】

多想想自己如何成長、愛做什麼，因為做你愛做的，你就會跟別人有差異化。

～前Google全球總裁兼大中華區總裁　李開復

他們可以，我有什麼理由不行？

當全世界的聲音都在吶喊著「我想要更漂亮」、「我想要更吸引人」時，主持天后陶晶瑩卻笑說，上帝給她最好的禮物就是長得不夠漂亮。

她說：「如果我長得很漂亮，我就會停止努力，停止追求夢想，停止去想有什麼可以讓人看見我的地方。」

外表其實不能夠限制一個人的發展，除非這個人甘心被自己的外表所侷限。

或許有的人會說：「外表還是很重要啊！我就是因爲長得不夠高，所以才當不上模特兒和空姐！」

我敢保證，說這種話的人，即使某天一覺醒來奇蹟似地突然長高，高到符合模特兒和空姐的標準，也照樣當不上模特兒和空姐！

因爲他從來不想辦法嘗試「我能做什麼」，卻一直找藉口證明「我不能做什麼」。

外型不出色、身高不夠高，這不是早就已經知道的事了嗎？

矮冬瓜還想當模特兒，就像音痴想變成周杰倫，根本就是在搬石頭砸自己的腳，把腳砸腫了穿不下鞋子，還怪鞋子不夠大！

如果眞的對時尚產業有興趣，當不成模特兒可以當服裝設計師；如果眞的想翱翔在藍天白雲中，不用當空姐也可以搭飛機環遊世界。

若是你的夢想阻礙你前進，那麼你就應該尋找下一個能夠幫助你前進的夢想。

幾年前，我去美國旅行的時候認識了一位黑人學生。當時歐巴馬還沒有當上美國總統，大家根本不敢想像美國有一天會出黑人總統。普遍來說，黑人在美國的地位是非常受限制的。

而我認識的這位黑人同學和其他生長在美國的黑人最不一樣的地方，就是她從不抱怨自己因爲黑人血統受到多少歧視、黑人想要在美國社會出人頭地有多麼困難……。

相反的，她總是把目光放在那少數幾個成功的黑人同胞身上，告訴自己：「歐普拉可以，麥可喬丹可以，我有什麼理由不行？」

或許就是因爲這樣的態度，使她在學校的成績非常出色。縱使先天條件限制她，社會環境也限制她，她卻仍然為自己找到前進的理由。

人的外表、血統、生長環境……都不是自己可以決定的，但要受限於此，還是突破重圍，是我們自己的選擇。

現實環境給了你一個框架，但是你可以替自己找到一扇窗戶，端看你想不想給自己的人生一個交代。

原來，有自信的人一樣有很多「不能做的事」，不過他們總是會想盡辦法去找到「我能做的事」。

【這樣就能有自信】

生活就像足球賽，原則如下：突破防線。

～美國第卅二任總統　羅斯福

只要是珍珠，就一定會發光

很多人沒有自信，是因爲腦袋裡沒有東西。想想看，如果懂的東西寥寥無幾，又怎麼能有自信的和人談天說笑呢？

若是不願意下功夫充實自己的內涵，卻一味追求外在的光芒和包裝，以爲講話大聲、誇大其詞、走路有風就叫作有「自信」，很抱歉，那頂多稱作「自我感覺良好」，給別人的感覺卻一點都不好。

自信來自於「你知道自己有什麼」，儘管時不我予，儘管天不時地不利，都不能改變一個事實，就是——你知道自己眞的有兩把刷子。

我有位朋友應徵國際精品的專櫃人員時，主考官第一句話就問她：「妳的英文程度怎麼樣？」

這句話正戳到她的痛處，她的英文只有小學程度，卻夢想擔任國際知名品牌的銷售人員，服務那些說英文比喝開水還容易的頂級上流人士！

一般人碰到這樣的狀況，通常都會選擇說謊或放棄。

然而，我這位朋友卻很勇敢地回答：「我的英文不好，但是我的日文能力還不錯。」

結果，她被錄取了，而且在很短的時間內當上了分店店長。

我還認識一位藝術大學的教授，最喜歡在新生面試時即興出題，想看看學生的臨場反應。

一次，他問一位考生：「現在模仿類的電視節目很受觀眾歡迎，請問你有沒有這方面的專長？」

這個學生當場楞住，從他的反應，明顯看得出來他並沒有準備。然而，沉默了幾秒鐘以後，這位學生說：「模仿不是我的強項，但是我想挑戰在一分鐘之內模仿七十四個人。」

「哇！有沒有搞錯？你說你要在一分鐘之內模仿幾個人？」教授眼睛一亮，非常期待這個學生的表現。

計時開始，學生說：「我第一個模仿的，是國父孫中山。」

說完，他便整個人躺在地上，「因爲國父已經去世了，所以我模仿的是他躺在棺材裡的樣子。」

學生模仿之餘，還不忘起死回生，補充說明。

教授雖然覺得很扯，但也不能反駁，只好說：「那下一個呢？」

「我第二個模仿的，是先總統蔣中正。」不難想到，這個學生再次躺在地上，模仿蔣故總統躺在棺材裡的樣子。

眼看時間已經過了四十幾秒，教授的臉上也出現了三條線，學生趕緊說：「時間不夠了，這樣吧！我把剩下那七十二個人一次模仿完吧！」

接著，他又躺在地上，然後說：「這是黃花崗七十二烈士。」

教授看了，忍不住噗哧一笑，這個學生就這樣通過了考試！

沒自信的人經常把失敗歸咎於運氣，有自信的人卻很少有運氣問題，因爲海水和沙石掩蓋不了珍珠的光芒，只要是珍珠，就一定會發光！

原來，有自信的人並不是考不倒，而是就算被考倒了，他們也仍然會努力展現自己的好。

【這樣就能有自信】

自己要非常努力，別人才會伸手來拉你一把；這一把，要伸出手去抓，更要抓得緊。

～前 Google 台灣香港業務總經理　張成秀

批評是一種傳染病

沒自信的人最怕被批評，但是，面對批評最好的方法，就是不要去批評。

等等，這是什麼話！什麼叫作「面對批評最好的方法，就是不要去批評」？

到底是別人批評我，還是我在批評人？

在你想破頭以前，讓我舉個例子來說給你聽吧！

有一位菜鳥講員去演講，他爲這場長達三個小時的演講準備了很久，很希望得到聽眾熱情的回應。

然而，演講進行到一半時，他發現坐在第一排正中央的一名聽眾竟然聽到睡著了。

講員覺得很生氣，他心想：「既然要打瞌睡，幹嘛坐在第一排，干擾我演說的情緒！既然要來聽演講，那就專心聽嘛，又沒人拿著刀子逼你來！」

他越是這麼想，心情就覺得越煩躁。後半段的演講，他根本不知道自己是怎麼撐過來的，因爲他全副心思都專注在那位當著他的面打瞌睡、很不給他面子的聽眾身上。

演講結束後，講員獲得了全場聽眾的喝采。

這時，那位打瞌睡的聽眾也醒來了，他特地留到最後，走到台前對講員說：「你講得太好了！我眞恨不得我能從頭到尾一字不漏地聽完，可惜我身體有病，剛服用一種會有嗜睡反應的藥物，所以忍不住睡著了。請問您下一場演講什麼時候舉行？我還想要再去聽！」

相信你一定也有過類似的經驗，很多時候，不是別人在批評我們，而是我們自己在暗地裡評論別人。

我們爲別人的每個眼神、每個反應都貼上標籤。

人家不小心睡著了，我們就說他不尊重人！

人家翻白眼，我們就說他藐視我！

某個人見了面不打招呼，可能只是因爲他近視眼忘了戴眼鏡，但我們卻會說，他故意不理我，他眞是狗眼看人低！

沒錯，有些人的行爲舉止的確讓人感到很不舒服，但那是他的問題，也是他的權利和自由，我們有什麼資格用自己的角度去批判別人的行爲呢？

當你試圖加入戰局，去評論「爲什麼他要那麼做？」「他怎麼可以這麼對我？」他的問題就變成了你的問題。

儘管有些惡意負面的攻擊的確很傷人，但我們仍然可以選擇沉默，不讓批評的病毒繼續擴散。

別人說你醜得像恐龍一樣，他有口臭的權利，但是信不信由你。

從前地球明明是圓的卻硬被人說成是方的，它被人誤會成這樣，卻還不是照樣轉得好好的。

別人說你笨得連豬都不如，豬都沒抗議了，你又抗議什麼？

受過傷的人通常也會去傷害人，有些人生性喜歡批評，到處挑人毛病，吹毛求疵還自以爲高人一等。

但你不必如此。

批評是一種傳染病，唯有「謙卑」和「寬容」能讓人對它免疫。

原來，有自信的人並不是不會被批評攻擊，他們只是在被人批評時，選擇不評論、不反擊，也不因此而傷心。

【這樣就能有自信】

一個演員在舞台上能夠站得久，最重要就是緊守崗位，不輕易被流言或惡意批評打擊、放棄自己。

～香港歌手及電影演員　郭富城

醜男也會有春天

女生最討厭沒有自信的男生，然而，男人爲何沒有自信呢？

戀愛界有句名言：「美女總是配豬頭。」可見身高不是距離，長相不是問題，年齡更是一點影響也沒有！認爲自己因爲長相不佳所以交不到女朋友的男人，應該好好面對下面這個殘酷的事實：

醜男交不到女朋友，眞正的原因不是因爲醜，而是因爲怪。（這裡所說的「醜男」，指的是認爲自己長得醜，並因此感到自卑的男生，與實際長相的美醜無關。）

要說哪裡怪？一是品味怪，二是性格怪。

無論是穿衣服的品味、看電影的品味、聽笑話的反應，他們都和地球人不太一樣。

挑女朋友的品味更是奇特，非得要長得像空姐、溫柔得像護士、說起話來媲美主播的辣妹，他們才看得上眼。

他們很在意自己的長相，所以更在意另一半的外貌。非要找一朵美麗的鮮花來插在自己身上不可！

品味怪還不會妨礙到其他人的人身自由，性格怪才眞的會導致人神共憤。

醜男經常在心裡吶喊著這類經典台詞，例如：「女生都很現實！」「女生的眼睛都長在頭上！」「這年頭找不到單純善良的女生囉！」

追不到女生還要一竿子打翻一船人，眞是居心叵測！很難讓人不聯想到「相由心生」這四個字。

長得醜不是男人沒自信的理由，卻是不願意改變自己的藉口。

醜男眞正害怕的是：如果我改變了自己，卻還是不受人歡迎，我該怎麼辦？

爲了讓自己免於失敗的可能，醜男寧可把所有問題都推卸於「先天條件不如人」，如此一來，就不必再去面對自己言語苛薄、自私懶惰、脾氣壞、嘴巴臭……等等性格上的問題。

「醜」是一面城牆，讓外面的人不得其門而入；「醜」也是一面盾牌，捍衛醜男脆弱的自尊。

只要拿「醜」當藉口，醜男就可以繼續享受這種廉價的自卑。

你說他們是不是眞的很怪？

外表並不能決定一切，誰說女生心目中的白馬王子一定要長得帥？根據一份「女大學生擇偶條件」的問卷調查結果，發現女大學生最看重的三個條件是性格、志趣相投和學歷，長相則排名在後。

可見性格的圓滿足以彌補外表的缺憾，醜男只要有好品格，一樣也會有春天。

原來，有自信的人未必長得相貌堂堂，他們只是比較願意卸下心防，眞實面對自己的醜。

【這樣就能有自信】

不要「只讀自己看得懂的書，只談自己可控制的戀愛」。

～達一廣告董事長　徐一鳴

有些人以為自己什麼事情都做不好，是因為沒有信心的緣故；但我認為，要把事情做好，需要的不是信心，而是責任感。

太多人用缺乏自信來掩飾自己沒有責任感的問題，因為他們根本不想面對真實的自己。

想像一下，如果要你從兩層樓高的跳水臺跳進水池裡，你敢不敢跳？

絕大多數的人都不會跳，他們說：「我沒有信心。」

但若你不跳，你就會飯碗不保、家破人亡、一無所有，你跳不跳？

我敢說，不需要別人從後面幫忙推你一把，你也一定會迫不及待地往下跳，因為你知道自己有責任這麼做。

看見了嗎？激發我們勇氣和潛能的，有時不是信心，而是責任感。

所謂「責任感」，就是你知道逃不了，那麼就乾脆勇敢接受挑戰吧！

人生不見得時時刻刻都需要信心，但是一定不能沒有責任感。

美國知名的專欄記者辛迪·亞當曾經披露過一則趣聞。

在柯林頓就任總統期間，身爲記者的辛迪想要獨家專訪總統夫人希拉蕊，於是她透過各種關係，終於聯絡到希拉蕊，並約好在希拉蕊到曼哈頓大學演講結束後的一小時進行專訪。

約定的時間到了，辛迪坐在曼哈頓大學的俱樂部裡等候希拉蕊。

此時，守門的管理員過來對她說：「女士，請問妳在幹什麼？我們這裡不開放給會員以外的任何人使用。」

辛迪回答他：「我和總統夫人有約。」

她以爲她這麼說，管理員就會識時務地給她方便。

沒想到管理員聽了，只是更愼重地對她說：「妳不是會員，不能待在這裡。」

就在這時候，希拉蕊帶著總統府的高級助理們翩然而至，一般人難得見到那麼大的排場和陣仗。

然而，這個看門的老頭看見總統夫人大駕光臨，卻一點也不給面子，照樣沉著臉說：「我們這裡不開放給外面的人，你們必須離開。」

希拉蕊只好拉著記者，乖乖地走出俱樂部。

縱使美國社會比東方社會更懂得尊重人權，這名管理員的行爲一樣令人捏把冷汗。

這個老頭沒有顯赫的背景，也沒有什麼超能力，究竟他哪來的自信，竟敢讓總統夫人吃閉門羹？難道他不怕爲自己惹上麻煩嗎？

答案其實很簡單，因爲不讓任何閒雜人等出入俱樂部，是管理員的職責。他只是想做好他分內的事情而已。

可見，信心讓人看見自己的能力；責任卻讓人超越自己的能力。

曾在台灣電視史上創下最高身價的新聞主播李四端說：「什麼是不負責任？我認爲，就是沒有把該有的水準表現出來。」

若是一個人願意承擔起自己的責任，把該做的事情做好，把該有的水準表現出來，他的成就一定不會太低，生活也不會過得太糟。有沒有自信，對他來說根本不是問題。

但若一個人缺乏責任感，他當然什麼事都做不好，試問這樣的人又怎麼可能有自信？

責任是自信的起點。不負責任的人，註定一輩子只能沒自信地羨慕其他人。

原來，有自信的人未必對自己有很大的期待，他們只是努力盡到自己最大的責任。

【這樣就能有自信】

有壓力，才稱得上是工作，不然就是玩耍。

～鴻海集團總裁　郭台銘

別讓**自憐**成為一種**享受**

沒自信的人通常有一個特點，就是他們很喜歡享受自憐的感覺。

如果你告訴他，某某人最近出了意外，很倒楣，他會立刻回答你：「我才倒楣呢，我跟你說……」

如果你告訴他，某戶人家窮到沒飯吃了，他照樣可以跟你說：「其實我也沒有比他好過多少，雖然我在物質上還算寬裕，但是你絕對想不到我的生活面臨多少困難……」

這些人努力讓自己成爲全世界最可憐的人，然後再來埋怨自己爲什麼這麼可憐！

自憐的人最常說的一個字，就是我、我、我、我、我……。什麼都先想到自己，總是把自己看得最偉大、最重要，卻又要把自己包裝成最委屈、最可憐，其實他們身邊的人才眞的可憐。

自憐不是病，發作起來卻要人命。

以前我也很喜歡沉溺在自憐的情緒中，但我已經改過來了。因爲我發現，自憐的人不但不能博得別人的同情，反而還非常令人討厭！

更重要的是，自憐一點用處也沒有，你在那裡哭得死去活來，別人卻只當你是二十八天到了那個來！

我以前的絕招，是「話到傷心處，抱著馬桶哭」。再也沒有比抱著馬桶哭更可憐的，你說是吧！

有一回，我和家人吵架後，再次奔向浴室，上演抱著馬桶哭倒在地的戲碼，心想我眞是世界上最可憐的人！我簡直和童話故事裡飽受壞心姊姊和後母折磨的灰姑娘沒有兩樣！

就在這時候，我的腦海裡閃過一個奇特的念頭：如果別人看到我這個樣子，他們會怎麼想？

他們會因此而同情我，不明究理地站在我這邊嗎？

還是他們會說：「是啊，妳眞是可憐，妳最大的本事就是抱著馬桶哭，妳該看看自己現在是什麼德性！」

我想應該是後者的成分居多吧。

於是，我決定，我要起來了。比起抱著馬桶哭，躺在床上哭畢竟比較舒服。

缺乏自信的人要很小心，不要讓自憐成爲一種享受。

要知道，除了你自己以外，這根本報復不了任何人，反而會讓人認爲，你的可憐是你自己造成的。

在《最後十四堂星期二的課》一書中，生重病的莫瑞老師說：「如果必要，我會好好哭上一場，但哭過後我會專注在生命中仍未失去的好東西上面……我不准自己進一步自憐。每天早上一點點，流幾滴淚，就只是這樣。」

如果連瀕臨死亡的人都限制自己每天只能自憐多少，我們又有什麼資格讓自己無止盡地沉溺在自憐的快感中？

原來，有自信的人並不是沒有傷口，他們只是不想浪費太多時間去欣賞自己的傷口。

【這樣就能有自信】

不要灰心喪志，打得開鎖的總是你試的最後一把鑰匙。

～國際知名演說家及作家　金克拉

是自卑變自大，還是自大變自卑？

常常聽到人說，一個人是因爲自卑，所以變得自大。那麼，人又爲什麼會變得自卑呢？

是因爲成長的環境缺乏鼓勵和讚美？

是因爲經歷過太多的批評和挫折？

是因爲沒看見自己的價値？

是因爲不夠愛自己？

這些都是造成自卑的理由，卻不是最主要的原因，因爲你會發現，即使在同樣的環境下長大，還是有人可以很有自信。

問題不在於環境，問題在於自己的心。

大多數自卑的人，都空有自卑感，卻沒有謙卑的心。

他們覺得自己好渺小、好可憐，卻又不肯認分地甘於渺小、甘於卑微。

他們覺得自己什麼也不會、什麼都不行，卻又很渴望受到別人的賞識與肯定。

我認識一位企業家，他招募人才時，從來不問這個人有什麼學歷背景、以前曾經做過什麼，他只問一句：「這個人能被人說嗎？」

有自信的人，禁得起別人的批評指教，不是因爲他認爲「反正你批評我也不能改變我眞正的價値，不管你怎麼批評我，我都還是覺得我自己很棒」，而是因爲他知道「人家批評我這一點，是在說我這一點做得不夠好，並不是說我這個人不好」。

他也明白「我不是個十全十美的人，被人批評糾正是很正常的，人家願意花心思、花時間提醒我，我感謝他都來不及了，沒有必要覺得不舒服。」

自信的人往往有一顆謙卑的心，別人說他什麼，他就接受、反省、改過。

不像自卑感極重的人，一被人糾正，就急忙辯解。辯解完了，還要花上大半天的時間自怨自艾，覺得人家都針對自己、這個地方容不下自己……。

等到人家都已經說破嘴了，他還不知檢討不願改變，表面上唯唯諾諾地說著「好、好、好」，實際上卻一點行動也沒有。

自卑的人眞正需要的，不是信心，而是謙卑。

謙卑不光只是表面上的禮貌，謙卑指的是一個人眞實的心境。慕安得烈把「謙卑」形容得很好，他說：「謙卑就是沒有人稱讚我的時候，在我受責備或被藐視的時候，我心裡平安。」

「心裡平安」這四個字是多麼難得啊！別人藐視我們，我們通常立刻就跳起來了！即使我們使盡吃奶的力氣展現修養、展現高ＥＱ，我們的心裡也會覺得憤怒、委屈、難過，根本毫無平安可言！

這是因爲我們還不夠謙卑。

當我們眞正謙卑下來時，別人批評我，我會想：「他說的或許是對的！」

受到不公平的待遇，那又怎麼樣？我以爲自己是誰，難道我連一點委屈都不能受嗎？

謙卑的人，不看自己過於所當看的，常看別人比自己強。

自卑的人則往往相反。

謙卑的人，可以承受的壓力比別人大，可以忍受的範圍比別人廣，他的世界自然也比別人更加遼闊。

原來，有自信的人一樣會受責備或被藐視，他們之所以能活得很自在，是因爲他們心裡有著眞實的謙卑。

【這樣就能有自信】

真正的信心，所表現出的是謙卑，而不是自大。

~現代物理學之父　愛因斯坦

Part 3.

到底要怎樣才能有自信？

原來，有自信的人未必見識過很多事情，他們只是願意去相信那些還未發生的事。

被人看到缺點又不會怎麼樣

想想看，人在什麼時候最需要信心？

走路、搭公車、吃東西、買東西的時候，我們不用在意自己到底有沒有自信。只有在考試、表演、搭訕、告白……時，我們才會發現原來自己這麼缺乏自信。

換句話說，人在面臨挑戰時，最需要信心。

挑戰讓我們看見自己軟弱的一面，我們很怕自己做不到、做不好，我們總是期許自己能夠有最好的表現。

但是，當我們愈是這麼想，就愈害怕出差錯。當我們的心被恐懼的烏雲籠罩，信心的光芒自然就會離我們愈來愈遠。

以前擔任記者時，我曾經訪問一位剛出道的年輕女歌手，我問她，在舞台上最怕遇到什麼狀況。

她想了很久，搖搖頭，回答說：「沒有。」

我以為她沒聽懂我的意思，連忙提出幾個選項讓她更容易回答。

我問她，她最怕的是破音、忘詞、音響出問題，還是跌倒、撞衫、裙子不小心走光？

沒想到，這位女歌手再次堅定地告訴我：「沒有，這些我都不怕。」

她繼續說：「其實，什麼悲慘的狀況我都遇過，但是我一點都不擔心，反正被人看到缺點又不會怎麼樣！」

一直到現在，我仍然記得她那份輕鬆自然的態度、毫無僞裝的自信。

是啊，被人看到缺點又不會怎麼樣！幹嘛爲了掩蓋缺點而把自己搞得緊張兮兮、扭捏不自然，一點信心都沒有？

我相信這個女生或許不會在歌壇中竄紅得很快，但是她一定可以走得很久，因爲她是一個不怕出錯、不怕失敗的人。

記得雲門舞集的創辦人林懷民曾經說過：「當我不再苦苦『追求自信』，攤手看見『我就是這樣』的時候，自信才眞的由內在升起。」

所謂成長，就是接受任何在生命中發生的狀況。即使是不幸的、不好的，也要去面對它、解決它。信心，是在一次次解決問題的過程中累積出來的。

原來，有自信的人並非相信自己不會失敗，他們只是比較能夠接受失敗。

【這樣就能有自信】

如果你問一個善於溜冰的人如何學得成功，他會說：「跌倒，爬起來。」這便是成功。

~現代科學之父　牛頓

輸家才有空抱怨不公平

有個公司總經理要應徵女祕書，結果來了五位應徵者。

爲了測試她們的性格特質，總經理出了一道很簡單的題目，讓她們一個個輪流作答。

總經理問第一位應徵者：「一加一等於什麼？」

第一位應徵者非常快速的回答：「二。」

總經理聽了，搖了搖頭，說：「這個人做事非常果斷，但是缺乏思考。」

第二位應徵者進來後，總經理照樣問她：「一加一等於什麼？」

她想了一下，說：「應該是二吧。」

總經理聽了，嘆了一口氣說：「這個人做事前會思考，可惜作決定時有些優柔寡斷。」

輪到第三位了，總經理問道：「一加一等於什麼？」

她想了一下，寫在紙上：「1+1=王。」

總經理看了，皺著眉頭說：「嗯，有創意，但不夠務實。」

到了第四位時，總經理同樣問：「一加一等於什麼？」

第四位回答：「數字爲二，國字爲王。」

總經理冷笑一聲，說：「考慮得很周詳，卻模糊了眞正答案的焦點。」

最後，輪到第五位。她回答：「數字爲二，國字爲王，但是眞正的答案只有總經理知道，總經理希望是二就是二，希望是王就是王。」

總經理聽了，又是搖頭又是嘆氣，說：「這個人各方面都很不錯，偏偏就是不老實，愛拍上司馬屁！」

面試結束後，在一旁的助理忍不住問總經理說：「這幾位你打算選哪位？她們基本上都答得不差啊！」

總經理回答：「既然她們答得都差不多，就選穿短裙、打扮得最漂亮的那位吧！」

對於其他四名應徵者來說，這樣的錄取標準非常不公平，是嗎？但從另外一個角度來看，這個錄取標準再公平不過了。想要在眾人當中脫穎而出，要不必須具備超凡的內在，要不就要有過人的外貌。

若是內在和別人差不多，外貌又不夠吸引人，你又怎麼能夠怪社

會只重外表不重內涵呢？

人家已經給你機會展現實力了，是你自己心有餘而力不足啊！沒有實力，就要有創意；沒有創意，至少也要有誠意。重視自己的儀表，做好全副的準備，是展現誠意的第一步。

有自信的人，重視內在同樣也重視外表。他們不怕被人比下去，更不怕別人說他是靠外表，因爲他們知道自己有的是眞材實料。唯有落選的人，才有空在那裡抱怨不公平！成功永遠只屬於讓他人印象深刻的人，或是讓他人賞心悅目的人。你是哪一種人呢？

原來，有自信的人並不是只展現最好的一面，而是懂得精心準備自己的每一面。

【這樣就能有自信】

豁出去，用力丟就對了。把每一場球當作最後一場來投！

~職業棒球選手　郭泓志

「沒問題」與「可是」

當一個人缺乏自信時，自然也無法博得他人的信任。

根據我的觀察，我發現很多大老闆的貼身愛將，並沒有具備什麼傑出的學歷和能力，但是他們總是散發著一股讓人放心的吸引力。

有一家企業的老闆告訴我，他的祕書跟著他十多年了，從大學剛畢業就進到這家公司，一直到現在，他還沒有見過比她更好的員工。

這位祕書有個習慣，就是不論交待她辦什麼事，她總會笑著說「沒問題」。

「我不知道她是眞的沒問題，還是硬撐出來的，我也不想知道，反正我僱用員工是來替我解決問題，不是替我增加問題。」老闆笑著說。

但是，難道沒有這位祕書辦不到的事嗎？

「當然有。」老闆透露，「但是她的優點就在於，即使她不會做，她也不會推辭或抱怨，反而會很明確地回答說：『我目前還不知道要怎麼做，但我會想辦法，我一找到方法就會立刻通知你。』這種誠實又積極的處事方式讓我感到非常放心。無論她會不會，她總讓我覺得她會，不管是大事還是小事，一律交給她就對了！」

當一個人覺得自己「沒問題」，別人自然也會對他感到放心。

相較之下，回答「沒問題」的人少，老是在說「可是」的人卻非常多。

老闆說：「立刻去幫我把這件事情辦好。」

很多員工會說：「可是這件事從來沒有人能夠辦得好！」

老師說：「想要上好學校，就要每天讀書讀五小時！」

很多學生都說：「可是我讀不到半小時就會打瞌睡。」

老婆說：「我想吃牛排！」

很多老公會說：「可是現在是早上五點，妳要我到哪兒去找牛排給妳吃？況且我們都已經結婚了！」

「沒問題」是一種習慣，「可是」也是一種習慣。

常常說「可是」的人，習慣只注意事情的困難點，還沒有實際去動手做，就已經爲自己找好了失敗的理由。

更悲哀的是，這樣的人通常也不會遇到眞正的失敗，因爲當一個人全身散發著「我很有可能會把事情搞砸」的訊號，對自己的能力沒有信心，別人也會感受到他的恐懼和壓力，又怎麼敢把重要的事情交給他呢？

他們根本連失敗的機會都沒有！只能在「因爲缺乏經驗，所以沒有自信」、「因爲沒有自信，所以缺乏經驗」的惡性循環裡反覆打轉。

「沒問題」不是一句「說的比唱的好聽」的口頭禪，也不是一張信口開河的空白支票，它代表一種「使命必達」的決心，意思是「無論多困難，我都會盡力達成」。

從小事開始「沒問題」，養成習慣以後，大事對你來說就不會是問題。

原來，有自信的人不是不會碰到問題，只是他們碰到問題的第一個反應，就是「沒問題」。

【這樣就能有自信】

跳到自己不懂的領域，會比較警醒、謙虛、更加倍努力，證明自己其他的潛能。

～長安福特馬自達總裁　沈英銓

作最壞的打算，拿出最好的表現

我經常在大考前夕，打電話關懷一些正在準備考試的學生，卻發現我和他們的對話通常是這樣子的。

「完蛋了！明天要考試，看來這次又要考不好了！」他說。

「不，你一定會考很好的！」我說。

「怎麼可能，我這科還未唸完，那科也來不及看……我一定會考很爛！」

「幹嘛這麼想呢？你要想你一定會發揮實力，表現出你應有的水準。要像這樣正向思考才是啊。」我繼續苦口婆心地好言相勸，然而，即使我說破了嘴，我所獲得的回應往往還是一樣，許多學生仍然堅持己見地認爲：「無論如何，我眞的覺得我一定會考不好……」

看來，「正向思考」的策略一點作用都沒有！

爲什麼會這樣呢？或許對有自信的人來說，這種正向思考的力量眞的大有功效，積極的話語不但能夠驅策自己更加努力往前邁進，同

時也會爲人帶來好心情。

然而，心理學家卻發現，鼓勵沒自信的人正向思考，通常會造成反效果。

因爲人有一種固執的心理，會選擇性地接受和自己觀點相近的想法。

比如說，一個認爲自己很善良的人，如果聽到別人說他很會爲人著想，他會毫不猶豫地就同意這樣的說法；但若聽到別人說他自私，他就會立刻否定這個觀點，完全不會加以思考及反省。

同樣的，若是一個人認爲自己什麼都不行，什麼事都做不好，但是你一直跟他正向喊話，告訴他「你一定可以！」「你做得到！」你猜結果會怎樣？

這只會更強化他原本的負面想法，甚至會促使他用加倍消極的態度去把事情搞砸，藉此證明：「看吧，我早就跟你說過我不行了吧！」

想要鼓勵信心不足的人，最好的方式就是幫助他們別把得失看得那麼重。

是的，或許你會考不好，或許你永遠達不到目標，或許你追的那個女生永遠不會接受你，或許明天一定會刮風下雨外加打雷劈死人。

即使如此，你要現在就放棄嗎？

如果不能放棄、不敢放棄，那就只好硬著頭皮繼續前進。

明白這一點以後，當我想要鼓勵即將考試的學生時，我總會問他們：「你沒有信心考得好，但是你有信心奮戰到最後一刻嗎？」

即使是自信心最低落的孩子，此時也會給予我正面肯定的回答。

信心有很多種：「我一定能完成夢想」，這是一種信心。「就算不能完成夢想，我也要不停朝著夢想前進」，這是另外一種信心。

俗話說：「成功是九十九分努力加上一分天才。」把這句話中的「天才」轉換成「信心」，一樣可以說得通。

當一個人爲夢想付出了九十九分的努力，有沒有信心已經不再重要。

當一個人爲夢想付出了九十九分的努力，他的行爲已經證明了他的信心。

原來，有自信的人並非總是把事情想得很美好，他們只是作最壞的打算，然後拿出最好的表現。

【這樣就能有自信】

和我們意見相同的人，我們才喜歡聽他的意見。

～美國知名作家　馬克吐溫

一棟讓人學會知足的房子

我並不是一直都這麼知足常樂。

以前，我曾經夢想過，在三十歲時要成爲「全身上下都是香奈兒名牌的女人」；我也曾經向著天空吶喊：「好希望有朝一日買東西都可以不用看標價！」

猜猜看，這些欲望是讓人變得更快樂，還是更不快樂呢？

無論結果是快樂還是不快樂，人只要活著，就不可能沒有欲望，一直到斷氣的那一天，我們都必須一直和欲望搏鬥。

每當我覺得自己的欲望遠超過自己的能力，有妄想和貪婪的嫌疑時，我就會用這個故事來幫助我找回知足的心，這招我用了幾百遍！

這是一位移民到舊金山的朋友和我分享的故事。他剛剛搬到舊金山時，住在離公司很近的一處小公寓裡，每天走路上班。

從家裡到公司的路上，會經過一排很漂亮的房子。

在台灣很少有這種獨棟、有花園的、充滿設計感的房子，他忍不住停下腳步來仔細欣賞，覺得美國的房子眞是太漂亮了。

之後，他每天上班途中，都很期待再看見那排房子。

後來有一天，當他再經過那排房子時，發生了一件奇怪的事。他腦中開始有個聲音對他說：「這房子太漂亮了，住在裡面不知道是什麼樣的感覺呢？那該會是一件多麼美好的事啊！」

不久，這個聲音變成：「這房子太漂亮了，我一定要去買一棟這樣的房子，我需要這樣的房子！」

從此之後，他每天經過這裡時，不再去欣賞這排房子，而是開始盤算著要怎樣才能買到這樣的房子。

他想知道買一棟這樣的房子要花多少錢，也許買在別的區域會比較便宜。

以他目前的薪水來看，他可能要多兼幾份差才行。

他替小孩存了一筆教育基金，或許可以先挪用這筆錢來買房子。

這樣的想法讓他開始感到焦慮，覺得自己的錢永遠不夠用，夢想如此眞實卻又如此遙遠，他到底要怎麼樣才可以擁有一棟這樣的房子？

就在他爲了房子而感到憂慮心煩，連續好幾晚都睡不好時，突然間，他聽見心裡有另外一個聲音對他說：「你能不能單純地欣賞這排房子，不要盤算或擔心怎麼得到它？單純欣賞就好，不在乎能不能擁有。你就想：這房子眞美，我爲住在裡面的人感到高興，我也爲經過這裡的人感到高興，但我自己現在還不需要這樣的房子。」

就是這個全新的念頭，讓他心裡面的那顆大石頭瞬間消失！

他恢復從前那種單純欣賞的角度，每天都很期待經過那裡，每天都很開心地去上班，一直到他換了新工作爲止。

知足和自信是並存的。一個人之所以沒有自信，是因爲他覺得自己擁有的太少，他認爲自己需要一棟這樣的房子！

聖經上有句話說：「敬虔加上知足的心便是大利了。」敬虔讓人在順境中曉得謙卑感恩，知足則讓人在逆境中仍然能夠喜樂湧流；擁有這兩樣利器，就不用擔心沒有福氣。

如果你經常覺得自己缺乏自信，不妨問問自己，是否擁有一顆敬虔加上知足的心？還是你已經讓過度的欲望吞噬了原本稀薄的信心？

原來，有自信的人並非相信自己「一定能」，他們只是知道自己未必「一定要」。

【這樣就能有自信】

你不可能只是站著注視海水就渡過了海洋，不要讓自己耽溺於虛幻的希望之中。

~印度作家、詩人　泰戈爾

你是葡萄園的第一批工人嗎？

自卑的人最擅長的事，就是嫉妒別人。

只要別人有哪裡比他好，即使沒有損及到他自身的利益，他都會覺得難以忍受。

什麼是「嫉妒」？說得直接一點，就是眼紅，就是見不得別人好。

這項人性的弱點，上帝知道得比我們更清楚。

聖經裡有個故事是說，有一個葡萄園的園主僱用工人進葡萄園來工作，約定好會支付每位工人一塊銀幣的工資。

園主請了很多批工人，有的工人清晨五點就來了，有的早上九點才來，有的中午來，有的到了下午才來。

但是，到了晚上收工發薪水時，最後一批進來的工人得到了約定的工資一塊銀幣，而從早上就來的工人，竟也得到相同的一塊銀幣！

工作一整天的人所得到的薪水竟然和只工作幾小時的人一樣，這太不公平了！

第一批工人覺得很不高興，便跑去找園主理論說：「你怎麼可以這麼做？」

園主回答：「我和你約定的工資是一塊銀幣，我並沒有少給你，至於我給其他人多少錢，我的錢難道我不能隨自己的意思用嗎？只是因爲我作好人，對別人大方，你就眼紅了？」

相信很多人都經歷過這樣的時刻：你好不容易考到一百分，覺得很高興，但若知道坐在隔壁的同學昨晚沒唸書卻也同樣考到一百分，你就一點都開心不起來，反而會覺得自己吃虧了，不公平！

你存了好久的錢，好不容易抱回了心目中的夢幻逸品——當季最新的名牌皮包，當下覺得你的人生因爲有它而變得完美。沒想到你的好朋友也有一個一模一樣的包包，而且還是男朋友送的！你霎時覺得你的人生不但不完美，而且還好可憐！

人性就是如此，我們常常會忘了爲自己所得到的東西感恩，我們常常會把目光放在那些比我們更幸運的人身上。

到底我們該如何面對這樣的課題呢？

沒自信的人經常認爲「這個世界不公平」，有自信的人卻選擇相信「這個世界是公平的」。

一旦我們假設這個世界是公平的，那麼一切看似不公平的事情就都有了另外一番解讀。

雖然你的好朋友不費吹灰之力就得到了同樣的名牌皮包，但你有買東西犒賞自己的能力，她不見得有。

雖然坐在你隔壁的同學沒唸書就考了一百分，但你因此培養了紮實勤勉的態度，他卻養成了投機取巧的習慣。

清晨就進入葡萄園工作的工人，看起來像是吃了大虧，但別忘了，他們早點進入葡萄園，就可以早點安心，知道今天的飯錢有了著落。

不像在外面等候的工人，心裡一直忐忑不安，不知道今天有沒有人僱用自己，不知道還要在外面等多久，那樣的心情不知道有多麼煎熬！

然而，那些最先被選中的工人，不但沒有爲自己的好運感恩，反而還爲了別人得到的跟他一樣多而生氣，你說，這豈不是很可惜嗎？

當我們嫉妒別人、眼紅別人的時候，我們就和第一批工人一樣，會失去感恩的心，也會失去很多福氣。

嫉妒別人，不會給自己增加任何的好處；嫉妒別人，也不可能減少別人的成就。

原來，有自信的人一樣會有吃虧的時候，他們只是不嫉妒、不眼紅，凡事感謝，即使他們得到的不比別人多。

【這樣就能有自信】

不要擔心老闆給你太多工作，要害怕的是老闆不給你工作。

～訊連科技總經理　張華禎

今天不是「抱怨日」

我的好朋友以安，從十二歲父親意外過世後，就開始扛起家計，任何打工賺錢的機會她都不放過。

好不容易半工半讀考上了大學，這時候，母親得了乳癌，以安在賺錢養家之餘，還得照顧母親的身體。

雖然母親的病情逐漸穩定，卻因此欠下了龐大的醫藥費，以安打工賺來的錢幾乎都用來還債，她已經好久沒有爲自己買過一件新衣服。

還好，樸素的裝扮掩藏不住以安的美貌，不時有一些男孩子會對以安表示好感，以安也從中選擇了一個忠厚老實的男人開始交往。

愛情讓以安感受到了天堂般的幸福，失去父親的傷痛、家裡的債務、母親的孤獨……一樣樣似乎都不再那麼可怕了。以安找到了一個可以讓她依靠的肩膀，她以爲好日子會一直這樣延續下去。

沒想到，同樣的悲劇再度上演。某天半夜，以安接到一通警察局打來的電話，警察告訴她，他們在死者的手機裡發現她的電話號碼，死者的名字叫作×××，問她認不認識。

沒錯，以安的男朋友已經變成了「死者」，在北二高北上四十五公里處與人發生擦撞，送醫急救不治，享年二十八歲。

儘管發生了這麼多不幸的事情，以安依舊不改她樂觀的性格。

前幾天下大雨，我和她相約在城市的一角。

當我們站在路邊等紅綠燈時，一輛不長眼睛的車子駛過路上的積水坑，污水濺了以安一身，她白色的裙子都變黑了！

「喔！看來我會有一件黑裙子了！」以安笑著說。

她的笑聲感染了我，讓我也忘了要去追著那台車子開罵。

等到我們笑完之後，我問她：「妳是我見過最有資格抱怨的人了，爲什麼妳能夠不抱怨？」

「很簡單，」她回答：「因爲今天不是十八號。」

以安說，在剛失去摯愛的那段時間裡，她痛苦到幾乎快要活不下去，她變得憤世嫉俗，也曾經對每件事情都感到失望悲觀，她沒有一秒不在抱怨。

後來她發現，她不能把全部的精力都用在「抱怨」這件事情上，這只會讓她的日子更加過不下去。

但若忍住不抱怨，她又擔心自己會忍到內傷，所以她決定每個月給自己一天「抱怨日」，有什麼不開心的事情，就等到那個日子再抱怨；而她發現，絕大多數的壞事早在那個日子來臨之前，就已經拋諸腦後了！

這個方法讓以安一直保持很正面的情緒，好的情緒就會引來更多的好人和好事。

最近，以安的身邊又出現了一名護花使者，相信她的好日子不會太遠。

我問以安：「爲什麼是十八號？」

她說：「因爲那是他的忌日。」

生命中，有很多傷痛的時刻是忘不了的，但我們不必用怨言不停地把自己拉回那一刻。

少一點抱怨，是對別人的寬容，更是對自己的仁慈。

原來，有自信的人不是沒有負面情緒，他們只是懂得爲自己的負面情緒設下停損點。

【這樣就能有自信】

生命中有太多沉重的事情，用開玩笑的心情，把事情看輕，它就不會變成搬不動的石頭，阻礙你前進。

～香港知名作家　歐陽應霽

他們為什麼這麼愛抱怨？

「我覺得這個地方好吵，不適合我！」

「我覺得這裡的人都好奇怪，他們講的話題我都無法融入，我有一種格格不入的感覺。」

若是聽到身邊的人說這種話，你通常會作何反應？

一般人聽到別人抱怨，都會想盡辦法安撫對方、鼓勵對方，對嗎？

正因爲這樣，有些人特別喜歡藉著抱怨來獲得別人的同情心和注意力，因爲一旦他們開口批評這、批評那的，就立刻引來同伴的關心，或是吸引別人加入他們的行列，和他們一起抱怨。

我必須承認，抱怨曾經是我生活中的一大樂事之一。只要和好朋友講一講看不過眼的事，我的心情就會愉快很多。但後來我發現，抱怨這個習慣讓我變得非常驕傲和自我中心，因爲抱怨別人就是在誇耀自己，讓自己在相較之下顯得更加優秀。

這怎麼說呢?讓我舉幾個例子來告訴你。

當我說:「我覺得某某人對待人的方式很虛假!」意思是，我對待人的方式可比他眞誠多了!

當我說:「我覺得這家餐廳的菜很難吃!」意思是，我對食物的品味可比餐廳裡的其他顧客要好得多!

或許你也會跟我有相同的疑問:什麼!這樣就算是在抱怨?那麼，難道我們都不能發表自己的意見?難道我們明明覺得這家餐廳的餐點難吃到極點，也要昧著良心說好吃嗎?

「抱怨」和「表達意見」的差別在於:你說這些話的動機。

當我說「這家餐廳的菜很難吃」時，我可不是以什麼美食專家的身分在發言，我一點也不關心廚師如何能把菜做得更好吃一點，我只是單純想表達:眞嘔!我花大錢來餐廳吃飯，居然還吃到這種難吃的菜色，我眞是倒了八輩子的楣!

是不是?是不是?我眞的很會抱怨對吧!

聖經以弗所書裡提到:「只要隨事說造就人的好話，叫聽見的人得益處。」(四章29節)如果說話的目的是爲了造就別人，幫助對方獲益，那麼你是在「表達意見」。若非如此，你就眞的只是在「抱怨」!

愛抱怨的人，通常都把自己放得很大，很在乎自己的感覺，很在意自己的形象，所以他們看什麼東西都不順眼。

愛抱怨的人，同時也把自己看得很小，他們不相信自己具有解決問題的能力，所以一碰到問題，就只會抱怨。

事實上，不是事情的本質使人快樂或痛苦，而是你有沒有能力找到快樂。

試著用忍耐來代替抱怨，你會粹煉出更堅韌的生命力！

試著用讚美來取代抱怨，你會遇見烏雲散去的新天地！

原來，有自信的人不是沒有自己的看法和意見，他們只是不用「抱怨」的方式來表達。

【這樣就能有自信】

我對生活的感覺就是——我要愛生活，既然我存在，我就要很愛我的存在、我的生活。

~知名歌手、電影演員　莫文蔚

如何戒掉「討好別人」的壞習慣？

如果你有一天到了天堂，上帝問你，爲什麼始終沒有去實現你的夢想，你會怎麼回答祂呢？

你會告訴祂，別人擋住了你的路，而你就是沒有辦法爲自己做點什麼嗎？

還是你打算告訴祂，你一直忙著達成別人對你的期待，以致錯失了自己的夢想？

你覺得上帝聽了你的理由，祂會作何感想呢？祂會說：「你這麼重視別人、這麼努力討好別人，這樣的態度眞好」嗎？

不，你心裡其實很清楚，這樣的習慣對你一點也沒有好處。

缺乏自信的人，總是不斷去迎合別人，我們可以從「濫好人」和「便利貼女孩」身上看見這一點。

這樣的人通常有「三多」：做得多、抱怨多、藉口也最多。

我的一個親戚剛從大學畢業，進入一家貿易公司工作。

老闆總是要求她超時加班，把很多不是她分內的業務交給她做，搞得她幾乎每天都要趕末班捷運回家，完全無法擁有自己的時間。

不僅如此，老闆從來沒有對她殷勤地工作表示讚賞，反而還對她的工作能力百般挑剔。

若是她對老闆的要求有任何質疑或婉拒的意思，老闆就會表現出很不高興的樣子，不時威脅她：「這年頭找不到工作的人這麼多，妳不做還有別人搶著要做！」「不是我對妳過分要求，我是在給妳磨練的機會，妳應該要好好珍惜才對！」

她覺得老闆說的不是沒有道理，只好委屈求全地繼續待在那家公司裡。

她以爲她這種配合的態度總有一天會換來老闆的體諒，給予她加薪或休假這類的福利，沒想到咬牙忍過了三年以後，她的薪水一毛錢也沒有增加。

最近，老闆還要求她週末也要到公司加班，這一回，她終於忍無可忍，爲了換工作的事情跑來找我商量。

我告訴她：「妳老闆這麼做固然不對，但妳不敢當面向他表明妳的想法，也同樣有錯。妳這樣的個性若是不改，就算換了新工作，也一定會遇到同樣的狀況。」

正所謂「一個巴掌拍不響」，很多時候，我們受了委屈，不是因爲別人太霸道，而是因爲我們自己太懦弱。

就算是別人要佔我們便宜，還得要我們自己容許才可以，你說是不是？

適時說「不」，是我們的權利，更是我們的責任。

很多人不敢說「不」，是因爲不願意承擔拒絕別人可能造成的後果。

的確，說「不」很可能會讓人不喜歡你，你很可能得面對衝突、失去友誼，或是被老闆列入黑名單，但至少比白白被人利用來得好，你說是嗎？

若是爲了討好別人而失掉自己的原則，爲了滿足別人而放棄自己的夢想，爲了當個受歡迎的濫好人而疲於奔命，別說是上帝會爲你哭泣，就連你自己也會討厭自己。

連我，都會看不下去！

向人說「不」從來都不是一件容易的事情，沒有人不害怕自己得罪別人，但我們之所以有勇氣這麼做，是因爲我們若不大膽拒絕，就等於助紂爲虐。

鄉愿比說「不」，要付出更高的代價。

原來，有自信的人不是不怕得罪別人，他們只是更想要爲自己的人生負責。

【這樣就能有自信】

有一天我可能又再度面臨匱乏，人生走進岔路，那就張開雙臂坦然接受吧！現在的我知道，坦誠，是唯一的生存之道。

～導演　鈕承澤

「討人喜歡」與「討好別人」

「討人喜歡」和「討好別人」之間有什麼差別？

差別在於開心和不開心而已。

沒有人立志要當討厭鬼，我們都希望自己討人喜歡，我們也都會努力去做一些討人喜歡的事情，讓別人開心，自己也開心。

但若我們努力過度，明明不願意做的事，還是強迫自己去做；明知道不該說的話，仍昧著良心去說，一切只爲了讓別人開心，不管自己開不開心——面對現實吧，這樣就是在討好別人！

我曾聽過一則笑話：

有一天，董事長和總經理在閒聊。

董事長問總經理：「小王跟在你身邊有一段時間了，可是你好像不太喜歡他？」

總經理回答：「我是不喜歡他，他老愛討好別人，動不動就說我是他見過最讓人敬愛的主管。」

「是嗎？」董事長皺起眉頭，說：「那你覺得我這個人怎麼樣？」

總經理回答：「您是我見過最讓人敬愛的主管。」

不知道你有沒有發現，每個團體中，多少都會有幾個人擅長討好別人，不過，這樣的人通常都很不討人喜歡，你知道爲什麼嗎？

我想，是因爲他們講的話讓人不知道究竟有幾分眞幾分假，他們對每一個人都拍相同的馬屁。和他們在一起，你不知道他們對你懷有什麼目的，你也永遠猜不透他們眞實的想法。

雖然他們表面上看起來沒有什麼不對勁，但是你大腦裡頭的雷達會告訴你：還是離他們遠一點比較好！

年少的時候，我也有討好別人的習慣，對於別人的要求和邀約，我總是一口答應；等到發現自己能力不及時，再來找藉口推辭。我就是沒辦法打從一開始就爽快地對人說「不」！

一直到大學的時候，我兼差擔任商品市場調查的電訪員，每天都要打好幾百通的電話請人配合完成問卷，這當中不免有許多人拒絕接受訪問。

每當他們提出各式各樣拒絕受訪的理由，像是「我沒有時間」、「我正在看電視」、「電話有電磁波，講太久對腦部不好」……等，我都會在心裡默默回應一句：「不想受訪就說不想，講那多藉口幹嘛！眞是浪費我的時間！」

有幾次，我遇到電話那頭的人很直截了當地跟我說：「我不想接受你的訪問。」我反而會覺得很感激、很高興。

我喜歡對方的誠實，同時我也發現說實話其實沒有那麼困難，聽實話也沒有我以爲的那麼傷人。

我們之所以不敢直接拒絕別人，是因爲我們把自己想得太重要。

事實上，人們根本不在乎你爲什麼拒絕他，也不在意你拒絕的理由是否完美漂亮、毫無破綻；他只是想知道你到底幫不幫忙而已！

如果你不能幫忙，他就會趕快去找其他人幫忙，根本不會有閒工夫在那裡討厭你、生你的氣！

想通這一點之後，現在我多半會選擇用實話來拒絕別人，用委婉的語氣眞誠地告訴對方：「我並不想這麼做。」

而當我這麼回應時，通常都能得到對方的諒解和尊重。

我想作個心口合一的人，不想言過其實地去換取別人的喜愛，也不想拐彎抹角來製造自己的壓力。

在我看來，不敢表達自己眞正想法的人，其實和說謊沒兩樣。老是說一些違心之論，其實就是在說謊。一個說謊的人，又怎麼可能討人喜歡？

與其期望別人感激你的體貼，不如祈禱別人不要揭穿你的虛假。

原來，有自信的人不會用好聽的謊話去討好別人，他們只會用溫柔的實話來討人喜歡。

【這樣就能有自信】

我寧願見熱心的錯誤，不願見冷淡的聰明。

～法國作家　法朗士

當別人**拒絕你**時

不敢向人說「不」的人，通常也無法忍受別人對他說「不」。

甚至，即使別人沒有對他說「不」，他的反應也像是別人拒絕了他。

我的朋友曾經和一位嚴重缺乏自信的男士交往，那段期間我經常接到好姊妹打來的投訴電話，她和男朋友幾乎三天兩頭就吵架，而吵架的癥結點往往是這樣：

每當我朋友對男友的看法提出相反的意見時，她的男朋友就會大爲光火，表現得非常不開心。

我的朋友試著安撫他的情緒，告訴他：「我只是提出我自己的看法，你幹嘛反應這麼激烈？我又沒有說你不對！」

然而，不管她如何好言相勸，她的男朋友就是覺得自己被否定、被攻擊了，這個男人經常哀怨地說：「我眞不知道要怎麼和妳溝通！」說得好像全都是她的錯一樣！

搞到最後，這個女生只好冒著男友翻臉加翻桌的危險，大膽指出事實，說：「我們根本就不是在溝通，我講什麼你都聽不進去，你只想講你要講的，只想聽你要聽的，如果我的回答沒有符合你的期待，你就會不高興！」

果然，這番實話讓她男友更加惱羞成怒，因爲她說的一點都沒錯，這個男人眞的就是這樣！

還好我的朋友懂得回頭是岸，才交往不到半年，她就厭倦了這種「『是』者生存，『不是』者淘汰」，永遠只能回答「是」的高壓政權，快刀斬亂麻地和對方分了手！

就像不吃蔥的人總能準確地從蛋炒飯裡挑出令人討厭的蔥花一樣，人們總是對自己不喜歡的東西特別敏感。

沒自信的人容易把別人任何一個輕微的反應都視爲「拒絕」，因爲他們最怕的就是被人拒絕。

這樣的恐懼感讓他們傾向自我防衛，不喜歡與人親近，卻又害怕孤獨一人；想要得到別人的注意，又會對別人的關心感到壓力；爲了不讓別人有拒絕自己的機會，他們寧可搶先一步去拒絕別人。

當一個人活在被人拒絕的恐懼中，即使還沒有被人拒絕，也已經感受到了同等的痛苦。

那麼，究竟要怎樣才能翻轉這樣的宿命呢？

我認識一位很優秀的教育家，他從小就教導他的孩子：「當別人拒絕你時，你是可以坦然面對的。」

和一般的孩童一樣，他的孩子也曾在百貨公司裡吵著要買玩具而遭到父母親的拒絕，在幼稚園裡被同學嘲笑，在父母親工作忙碌時被忽略，或是因爲調皮搗蛋而受到大人的懲罰……，他年幼的生命裡不乏許多被拒絕的經歷。

然而，這位教育家卻告訴他的孩子：「被拒絕是一個事件，不是一種感覺。別人向你說『不』，他們只是在拒絕你這項要求，不是在拒絕你這個人，你沒有必要覺得受傷、委屈、生氣……，如果你有那樣的感覺，那是你自找的，不是別人帶給你的。」

要知道，無論我們表現得多麼完美，也沒有辦法阻止別人拒絕我們；無論我們演出得多麼賣力，難免還是會有些人不肯接納我們。

既然我們都已經註定要被拒絕了，何不看開一點，並且不斷地告訴自己：「當別人拒絕我時，我是可以坦然面對的。」試著一次又一次重複對自己這麼說，直到你眞的可以坦然面對爲止。

原來，有自信的人並非相信自己不會被人拒絕，他們只是知道「當別人拒絕我時，我是可以坦然面對的。」

【這樣就能有自信】

不要在害怕時爭辯，亦不要因害怕而不爭辯。

～美國第卅五任總統　甘迺迪

「樣樣好」不如「一樣好」

你是不是常常覺得自己是個輸家，沒有一樣比得過人家？

如果你有這樣的想法，那麼算你走運！因爲當你處處碰壁，自然會早點放棄無謂的掙扎，轉身另闢戰場，自行尋找出路，而這樣的人往往都有機會在其他方面成爲第一。

還記得出國比賽、爲國爭光的運動名將楊傳廣嗎？

他是台灣史上第一位在奧運比賽當中獲獎的選手，並且曾在一九五四年的馬尼拉亞運會及一九五八年的東京亞運會上連續兩屆奪得十項全能競賽金牌。

輝煌的戰績讓楊傳廣在當時不僅呼聲最高，人氣也紅不讓，在評審和粉絲團的心目中，其他參賽選手想要從楊傳廣手中搶得金牌，幾乎是不可能的事情！

但是，有一位叫作拉福．強森的選手卻做到了！

一九六〇年的奧運會上，楊傳廣不負「亞洲鐵人」的封號，在十項全能的競賽項目中，有七項都領先對手。

唯獨在鉛球這一項，強森以超水準的表現技壓全場，在單項成績中遙遙領先。

最後楊傳廣以極些微的分數差距敗北，僅獲得銀牌。

拉福·強森成爲當年度的奧運金牌得主。

由此可見，要贏得金牌，並不一定要十項全能，只要有一項過人之處就夠了。

強森單單靠著鉛球這一個項目，就擊敗了在其他九項皆表現優異的楊傳廣。

然而，痛失金牌的楊傳廣，並沒有因此而氣餒。

養精蓄銳三年後，楊傳廣在美國國際田徑邀請賽以十六呎三點二五吋的成績打破撐竿跳世界紀錄，同時也刷新十項全能運動世界紀錄，十項全能運動的計分方式也因此而改變，日後再也沒有人能突破楊傳廣的紀錄。

在此之前，樣樣都好的楊傳廣可能作夢也沒想到，單憑撐竿跳這一個項目就刷新歷史，打破整個運動界的規則，同時也讓自己的運動

生涯到達巔峰。

楊傳廣的故事告訴我們：「樣樣好」不如「一樣好」。樣樣好的人不見得有特色。贏家與輸家的差別在於輸家面面俱到，反落得亂槍打鳥；贏家則有孤注一擲的自信，專注的力量無人能敵。

縱使這個社會要求我們不但要品學兼優，還要才貌兼具，但是，眞正頂尖的人才，往往學有專精、獨樹一格。

與其拚命做好每件事，不如專心做好一件事。

原來，有自信的人未必十全十美，他們只是在自己最擅長的方面一心一意。

【這樣就能有自信】

人要有自信，但並不是我對每件事都有自信，我是對「周杰倫」三個字有自信，對我的音樂有自信。

～亞洲知名藝人　周杰倫

看不見的95%

到底什麼是信心？

聖經裡頭對信心的解釋是這樣的：「信是所望之事的實底，是未見之事的確據。」我覺得這兩句話把信心形容得眞好。

信心就是盼望，信心就是相信那些還未發生的事情有天一定會發生！

很多人說「眼見爲憑」，要實際看見了，才會有信心。

事實上，都已經看見了，哪裡還需要信心？根本不由得你不信！

雖然還未看見，但你卻願意相信，這才是信心的意義。

每一對步入禮堂的佳偶，都是先相信他們有一天會結婚，才眞的會結婚。

每一位實現夢想的巨人，都是先相信自己有一天會成功，才眞的能夠撐到成功的那一天。

看不見的事情不代表它不存在，如果你明白人類的視力是何等不

足時，或許你就不會把信心建立在自己眼見之上了！

科學家研究指出，在我們的生活環境之中，人類眼睛所能看見的光線只有5％，稱爲「可視光線」，另外95％是人的肉眼看不見的，例如紅外線、紫外線……，人類看不見它們，它們卻確實存在。

因此，別把信心侷限在5％的星球裡，憑著自己眼見用力唱衰自己的未來，卻忘了另外那95％的宇宙中，還有無限的想像空間。

信心不需要理由，沒有信心是因爲你未曾眞心渴望，沒有信心是因爲你不願意單純相信。

沒有信心，正是因爲你太相信自己——相信那個有限又固執的自己。

有個笑話是說，某位精神病患去看醫生，問醫生說：「醫生……怎麼辦……我一直覺得我是一隻母雞。」

「喔，那很嚴重喔！是從什麼時候開始的？」醫生反問他。

病人回答：「從我還是一隻小雞的時候……」

太相信自己的人就像這樣，明明是一隻能夠自由在天空飛翔的老鷹，他們卻固執地相信自己是一隻小雞；他們會尋求專家的幫助，卻不願意改變自己的想法；經常抱怨自己的信心不足，卻又對自己錯誤的見解充滿信心。

你說，他們和精神病患有什麼兩樣？

大多時候，信心不是一種能力，而是一種選擇，端看我們要選擇那看得見的5%，還是看不見的95%。

原來，有自信的人未必見識過很多事情，他們只是願意去相信那些還未發生的事情。

【這樣就能有自信】

康莊大道上綻放許多花朵，但是，我一個人卻走著這條大家都看不見的路；我對自己說，我要讓這條路也能開花結果。

～日本建築師　安藤忠雄

Part 4.

他們也不是生下來就這麼有自信

自信不是與生俱來的能力，而是後天養成的個性。而這樣的性格，從放下自己開始。

穿著短褲的市長

有自信的人，堅持做對的事；沒自信的人，專門看人做事。有自信的人，看見自己的理想；沒自信的人，看著別人的眼光。

二〇〇五年，卡崔娜颶風重擊美國東南部城市，當時聖路易灣市的市長曾經做出一項驚人之舉。

颶風來襲時，市長的家園也遭受波及，他全身上下一無所有，只剩一件上衣和短褲，因此，他立誓在城市重建未完成之前，將會一直穿著短褲。

說到做到，市長和布希總統出席記者年會時，上半身穿晚禮服，下半身仍舊是短褲一條，當場搶了總統的鋒頭，成爲鎂光燈的焦點。

在場記者無不掩口偷笑，報紙新聞一開頭便說：「就連美國總統也無法叫聖路易灣市長法夫瑞穿長褲！」

這則新聞引起了許多民眾的關注，想當然爾，布希總統很可能會覺得不受尊重。

想當然爾，一定會有傳統衛道人士跳出來說，市長不應該把自己變成小丑。

想當然爾，很多人會說：「這是在作秀！」

這的的確確是在作秀！但是作這種秀，有什麼不好？

五十二歲的法夫瑞市長說，只要世人因此將目光移到聖路易灣市，讓重建問題受到重視，即於願足矣。

如果你是市民，你願不願意支持這樣的市長？

如果你是市長，你敢不敢冒著被污名化的風險，勇敢捍衛自己的理想？

話說回來，你的理想是什麼？如果沒有理想，要信心做什麼？

信心是爲了達成理想而存在的！

如果沒有理想，那麼你需要的只是「覺得自己很不錯」、「覺得自己很棒」的心靈安慰劑。

什麼都沒做卻需要覺得自己很棒？這不叫作「自信」，這叫作「虛榮」。

當個腦袋有引擎的人，有目標、有動力，你的信心自然會跟著加速。

原來，有自信的人並不那麼在意自己棒不棒，他們只要能夠完成自己的理想，即於願足矣。

【這樣就能有自信】

膽識的定義就是肩膀要夠硬，頭腦要夠清楚。

～橙果設計負責人　蔣友柏

如果你問我，誰是我心目中最有自信的代表人物？我第一個想到的，就是德蕾莎修女。

德蕾莎修女終其一生全心全意爲世上最貧窮的人服務，她的手臂擁抱過無數無家可歸的孤兒，她的懷裡倒臥過成千上萬瀕死的痲瘋病人，她臉上的皺紋、風乾的皮膚、黑瘦的身影，無一不在述說著她爲印度窮人無私的犧牲與奉獻。

然而，歐洲某份報紙卻對此大作文章，攻擊德蕾莎修女專門巴結權貴，還收受黑社會的贓款去作慈善，各式各樣捕風捉影的不實報導爲德蕾莎修女的名聲蒙上了一層黑影。

面對這些毫不留情的惡毒批評，德蕾莎修女只是淡淡地擺擺手，說：「我還有很多正經事要做，沒時間理這些。」

爲什麼德蕾莎修女可以這麼有信心，不畏流言蜚語，堅持走自己要走的路？

因爲她相信，她只是上帝手中的鉛筆，若有任何計畫是上帝要透過她去完成的，上帝會爲她預備所需的一切。

而事實證明，當她們沒有資源時，總是會有人供應；當她們遭逢困境時，總是能夠化險爲夷。

德蕾莎修女的信心來自於，她非常知道上帝要她做些什麼。縱使世上的人、事、環境令她感到失望和恐懼，但只要抬頭向上看，她就擁有了整片天空的力量。

德蕾莎修女曾經寫下這麼一段禱告文：

「人們不講道理、思想謬誤、自我中心，
不管怎樣，總是愛他們；
如果你做善事，人們說你自私自利、別有用心，
不管怎樣，總是要做善事；
如果你成功以後，身邊盡是假的朋友和眞的敵人，
不管怎樣，總是要成功；
你所做的善事明天就被遺忘，
不管怎樣，總是要做善事；

誠實與坦率使你易受攻擊，
不管怎樣，總是要誠實與坦率；
你耗費數年所建設的可能毀於一旦，
不管怎樣，總是要建設；
人們確實需要幫助，然而如果你幫助他們，卻可能遭到攻擊，
不管怎樣，總是要幫助；
將你擁有最好的東西獻給世界，你可能會被踢掉牙齒，
不管怎樣，總是要將你所擁有最好的東西獻給世界。」

德蕾莎修女的一生證明了一個簡單的道理，那就是：好人未必不會遇到困難，但好人肯定會有好報。因爲好人只要看到別人快樂，自己也就快樂了。快樂是至高無上的報酬。

能夠當個快樂的好人，已算得上是最蒙福的人生。

原來，有自信的人不是不瞭解人性的黑暗面，他們只是不管怎樣，總是要發揮人性的光明面。

【這樣就能有自信】

有好多次，我不得不跪下來禱告，因為我個人所有的智慧絕不足以讓我度過這些日子。

~美國第十六任總統　林肯

「我沒有自信，因爲我有太多失敗的經驗。」沒自信的人總是這麼說。

千萬別以爲只有你曾經失敗過，許多在歷史舞台上呼風喚雨的大人物，他們的起跑點一樣落後別人一大截！

英國首相邱吉爾雖然生得一副聰明樣，但是他小學畢業時，成績是同屆學生中排名倒數第一。

一手創立迪士尼王國的華特．迪士尼曾被報社編輯炒魷魚，老闆解僱他的理由是「他沒什麼新鮮的創意。」

戰績輝煌、叱吒風雲的拿破崙將軍，在軍事學院的成績排名是第四十二名，足足有四十一個人排在他前面。

「遺傳學之父」孟德爾，用碗豆作實驗發表了「孟德爾遺傳定律」，撼動整個科學界，他讀書時曾連續四次補考不及格。

牛頓，天才級的科學家，連愛因斯坦都說：「在人類的歷史上，能夠結合物理實驗、數學理論、機械發明成為科學藝術的人，只有一位——那就是牛頓。」

噓……告訴你一個祕密，牛頓小學時成績很差！

你時常覺得自己處處不如人、做起事來一竅不通、再怎麼努力也沒有用嗎？

相信我，他們也都曾經有過這種挫折的感覺。

只是，信心比感覺更重要。

「如果這件事我一直做不好，那麼，總有別的事是我做得好的！」

憑著這樣的信心，牛頓不厭其煩地投入科學實驗。

孟德爾放棄教師資格考試，一頭栽進自然科學的領域。

拿破崙家境貧寒、貌不驚人、身材短小、健康不佳，唯一的專長就是打仗！

而邱吉爾之所以作了英國首相，我想，正是因為他不會別的，只會作首相。

曾經聽過一位長輩這麼說：「年輕時遇到的挫折不算挫折，那只

是幫助你更加認識自己，知道自己原來這個不會、那個也不會，然後你就知道自己會什麼了。」

年輕時遇到的每一次挫折，都是得來不易的機會。

鳥兒知道自己不會游泳，所以牠們專注飛行。

烏龜知道自己跑不快，所以牠們發展了兩棲的能力。

我知道自己不會唱歌、也不會跳舞，所以我只能拚命寫書。

有自信的人拒絕讓失敗來決定命運，他們說：「正因爲我過去有太多失敗的經驗，所以我知道如何讓自己遠離失敗。」

原來，有自信的人並不是不會跌倒，他們只是爬起來的次數比跌倒的次數多。

【這樣就能有自信】

其實每個人的成長過程中，一定都不只一個夢。環境可能會讓你放棄一些夢想，可是不要讓它抹殺你所有的夢想。

~五月天樂團主唱　陳信宏

自信，就是相信自己可以改變

如果你看過紅遍東南亞的電視美容節目「女人我最大」，那麼你一定風聞她的名號。

吳依霖（早期的藝名爲陸小曼）可說是當前台灣最紅的髮型設計師，她爲客人剪頭髮的行情是一般髮型設計師的五到六倍，而且通常在半年前就已經預約額滿。

吳依霖來自樸實的鄉下人家，沒有顯赫的背景，甚至沒有接受過正規的美髮教育，究竟她是如何從一位平凡的「洗頭妹」躍升爲國際知名的「一級魔髮師」？

吳依霖說，這跟她不服輸的個性有關。

她小時候曾經被燙傷過，因此造成了自卑的性格，儘量能不說話就不說話。

爲了賺錢，她從十三歲就進入美髮業，不是因爲對這個行業有什麼樣的憧憬，而是因爲這是她當時唯一能找到的工作機會。

吳依霖花了十年的功夫從學徒一路作到設計師，漸漸瞭解，美髮這份工作是她這一生的道路，也是她這輩子唯一出人頭地的機會；既然要拚，就非拚到第一名不可！

抱著這樣的決心，她報名參加了一項國際美髮大賽，爆冷門地一舉奪下冠軍，從此在髮型界闖出了名號。

儘管如此，她還是不愛說話。

「因爲我講話有南部腔，客人一聽就知道我是從鄉下來的，和美髮這個時尚產業很不搭；而且我對時下的流行、藝術、設計都不懂，我很怕講錯話會被人家笑。」吳依霖最大的優點，就是她很有自知之明。

她知道，一個不能開口的美髮師，就算技術再好，也很難爬到頂端的位置。

她不甘於當個只會弄頭髮的工匠，她的夢想是要把自己打造成爲讓顧客滿意信任的品牌，因此，她決定要努力克服自己在人際溝通上的障礙。

「無論如何，我都要拚到最好！」吳依霖總是對自己這麼說。

爲了說出一口漂亮的國語，她去上正音班矯正自己的發音，而且大量閱讀設計雜誌、美學和心理學的書籍，一面吸收新知、一面建立自信心。

她的客人越來越多，因爲被她服務是一件很舒服的事情。

吳依霖不僅用巧手爲客人創造美麗的髮型，同時也很懂得傾聽每一位顧客的心聲。

儘管在事業上經歷了許多風風雨雨，她都還是靠著那把拿手的剪刀和不斷充實自己的態度，一路勇敢地繼續拚。

很多人把吳依霖的成功歸因於她的運氣好，我卻認爲，吳依霖成功的最大關鍵，在於她相信自己可以改變。

家裡沒錢，她就想辦法去賺錢；不甘平凡，她就努力參加比賽；國語不好，她就硬著頭皮矯正；知識不足，她就咬緊牙關閱讀；創業失敗，她就放下身段重新開始……，對吳依霖來說，沒有什麼事情是她辦不到的，因爲她從來不給自己放棄的藉口。

我們不可以改變天氣，但可以改變心情；我們不可以改變容顏，但可以改變笑容；我們不可以改變過去，但可以改變未來；我們不可以事事如意，但可以事事盡力。

原來，有自信的人未必滿意自己，他們只是在不滿意自己的時候，還願意相信自己可以改變。

【這樣就能有自信】

我只問：「為什麼不改變？」要走出自己的路！

～台灣第一屆遠赴非洲行醫的替代役男　連加恩

自信和傲慢的差別在哪裡？

很多有自信的人，言談中都難免會帶點傲慢的特質；而絕大多數謙卑的人，舉手投足間又缺乏幾分自信的魅力。

自信與謙卑兩者兼具的人眞是少之又少，就我看來，沒有人比美國總統歐巴馬將這兩項特質詮釋得更好。

同樣是在開支票、講大話、拚選戰，歐巴馬卻和一般政治人物不太一樣，許多聽過他演講的人都說：「從歐巴馬的演說裡，我看到他和人民『溝通』的努力，他的用心和熱忱感動了我！」

或許是晦暗的成長歲月和不被認同的膚色，讓歐巴馬沒有任何傲慢的理由，也不具備自信的條件。

大部分的政治人物喜歡用狂妄的口氣、勢在必得的決心來展現自信；而歐巴馬的自信，則是來自於他對每件小事的熱忱。

在踏入政治圈之前，歐巴馬曾在芝加哥一個最窮困的黑人社區從事社會服務工作，不僅收入很低，工作內容也吃力不討好，奮鬥了兩年，不見任何成效。

此時，和歐巴馬一起打拚的工作人員打算集體辭職，歐巴馬沒有因此感到灰心沮喪，反而滿懷熱誠地對夥伴們說：「我們來這裡並不是要一份薪水，我們是眞的想要改善這個社區。不管過去的狀況如何，我只知道，和你們一起，我們一定可以作出一些改變。如果你們認爲和我一起工作後，什麼也沒有改變，那麼，要辭職的人應該是我，不是你們。」這番話讓大夥兒改變主意，答應留下來繼續奮鬥。

歐巴馬的熱忱不但成爲他待人處事的基本態度，也感染了他身旁的人。

一位台灣記者說，在美國總統選戰一開始，他發了電子郵件給各個候選人陣營，希望他們能夠提供候選人的行程表。

由於台灣媒體對美國選戰沒有直接的影響力，沒有一位候選人回覆他的電郵，除了歐巴馬陣營之外。

他的信上午才寄出，當天下午就收到了歐巴馬幕僚的回信，而且連歐巴馬夫人的行程表也一併附上。

這位記者感慨地說：「回覆電郵不過舉手之勞，不用十秒鐘就可以完成，大部分的候選人卻選擇冷漠地略過。歐巴馬陣營如此積極的回應，可能是因爲他們重視每個曝光的機會，所以即使是遠在天邊、名不見經傳的小媒體，他們也一視同仁。更大的可能是，他們才不在乎這家媒體會報導些什麼，他們只是純粹想幫助一個欲知詳情的小記者。無論他們的動機是哪一種，我都覺得這樣的人當選美國總統是應該的！」

熱忱眞是一種很奇妙的特質。它可以讓一個人從被動轉爲主動，從消極轉爲積極，從失敗轉爲成功。

當一個人用心去求好到極點，他就有可能比大多數人都做得好一點。

原來，有自信的人不一定懂得計較得失，他們只是具備了熱忱的習慣。

【這樣就能有自信】

當我非常專心而努力地從事一件看起來沒有用的事時，日後都會有用。

～作家　張大春

你和別人沒有差別

自信，是自找的。

「找到一個讓大家對你尊敬的力量，你就會有自信。」廣告才子范可欽這麼說。

一般人對范可欽的印象，除了他令人拍案叫絕的精彩創意，就是他坐著輪椅行動不便的身影。

一歲時罹患小兒痲痺，讓范可欽在六歲前的生活都是在地板和大人的臂彎裡度過。

「我在六歲前是個爬行動物！」范可欽如此自嘲。

一直到現在，他的生活離不開支架、拐杖和輪椅，但是這些一點都沒有影響到他的自信心。

范可欽說，這和父母的教育方式有關，他的母親從來不會因為他行動不便，就給他特別的禮遇和優惠。

兒時家裡很窮，孩子們下課後必須幫忙父母做家庭代工，范可欽

也不例外，所有該做的家事他都要做，學校裡該有的成績他也必須維持。

雖然媽媽對他的要求非常嚴苛，但是當他達成目標時，母親讚許的掌聲也從來沒有少過。

就是這種「你和別人沒有差別，你也能做到」的觀念，讓范可欽不曾有過躲在角落顧影自憐、感懷身世的機會。

在外面，朋友們愛打乒乓球、愛飆車、愛去夜店跳舞，范可欽也照跟不誤。多采多姿的生活經歷讓他的世界充滿創意，信手拈來處處都是靈感。

身體上的障礙，似乎也成了范可欽進入廣告業的助力。

「當你不會跑、不會跳時，你就只能動腦。」范可欽很早就知道，他的腦袋和口才是他最大的寶藏。

他認爲，不管是健康的人或是殘缺的人，都必須在群體中找到自己的位置，才能夠對自己有信心。

范可欽絲毫不介意外人提及他雙腳的行動不便，每當有人提到這個問題，他就會反問對方：「到底什麼是正常？正常的定義是什麼？

難道非得能跑能跳、五官健全、好手好腳，才具備成功的要件嗎？沒有人是完美的！每個人都有缺陷與弱點。既然無法說你比我完美，又怎麼能說我比你沒有能力呢？」

儘管范可欽的態度非常積極樂觀，但他的起跑點畢竟和一般人不同。許多別人看來簡單的事情，范可欽都必須花費比別人更大的努力。

這個世界對范可欽並不公平，但是范可欽卻選擇用另一種觀點看待這個世界。

在象徵廣告人最大榮譽的「時報廣告金像獎」頒獎典禮上，范可欽發表他的得獎感言，他說：「這是個很公平的比賽，當你做到最好時，跟你到底是誰就完全沒有關係了。」

原來，有自信的人一樣會受到鄙視和虧待，但他們只是努力做到最好，努力告訴自己「你和別人沒有差別，這是個很公平的世界」。

【這樣就能有自信】

我無論在甚麼景況都可以知足，這是我已經學會了。我知道怎樣處卑賤，也知道怎樣處豐富；或飽足，或飢餓；或有餘，或缺乏，隨事隨在，我都得了祕訣。我靠著那加給我力量的，凡事都能做。

～聖經腓立比書四章11－13節

等候的力量

很多人沒有自信，是因爲不確定自己應該要走哪一條路。

當一個人沒有方向，自然也不會有信心。

你不知道自己要去哪裡，也不知道自己的夢想是否眞的可以實現，更不知道自己所在的位置，究竟是不是對的地方。

沒有人能給你答案，但是這個故事可以告訴你要怎麼找到答案。

每當提及夢想，我總會想起電影《海角七號》的導演魏德聖。

魏德聖拍攝的《海角七號》創下台灣本土電影有史以來最賣座的紀錄，電影裡的每個演員都跟著谷底翻身，魏德聖也因此一戰成名。

許多人羨慕魏德聖的際遇，直說「魏導眞是好幸運！」殊不知在《海角七號》暴紅之前，魏德聖已經在電影圈中浮沉了十五年。

是什麼樣的力量，讓魏德聖不管經歷多少挫折與難關，都堅持不離開電影這條路？

打從十五年前，魏德聖拍攝的第一部影片成功拿下「金穗獎」，當時他就知道，電影是他這一生要走的路。

別人眼中看來很傻的電影夢，魏德聖卻做得很安心。

他說，因爲他倚靠的不是別人的幫助，也不是自己的才能，而是上帝的應許；他相信上帝的祝福終究會來到，而他所能做的，就是耐心地等候。

魏德聖說：「當初在籌拍《海角七號》時，根本沒有什麼人看好它會賣座，因此在拍攝的過程中，碰到的問題和阻礙多到外界根本沒辦法想像。簡單地說，就是找不到人演，找不到錢拍，所有的資源都沒有到位；但我相信，這是上帝給我的夢，上帝一定會幫助我完成，過去十五年如此，這次拍《海角七號》也是如此。不管遭遇多少挫敗，我仍堅定相信，上帝在後面會有很大的祝福，即使這次沒有，也會累積在下一次。」

在《海角七號》前，魏德聖拍過很多電影，大多數的作品都沒有在市場上引起很大的迴響，有的甚至還未開拍，就已經夭折了。

失敗的經歷讓魏德聖瞭解，人能做的事眞的非常有限。

因此，他改變態度，開始每天禱告期待好事發生。每天只要有一件好事發生，哪怕只是微不足道的小事，他都把它視爲祝福；沒有好事發生時，他就等候奇蹟，等候上帝的帶領。

在《海角七號》中，魏德聖想要傳達的就是這種等候祝福的心情。他相信祝福像天邊的彩虹一樣，只要願意等候，就一定會發生。

夢想這條路，唯有一直走下去，才會知道答案。

魏德聖所走的這條路，很窄、很陡、看不到終點，但是他一邊走一邊期待彩虹的出現，一邊走一邊享受看見彩虹的興奮，能不能到達終點、什麼時候才能到達終點，對他來說已經不是最重要。

原來，有自信的人未必事事順利，他們只是在諸事不順的時候，還能夠全心相信，耐心等候，珍惜每一次遇見彩虹的感動。

【這樣就能有自信】

人生的成功，不在於聰明和機會，乃在專心和有恆。

～中國學者　俞忒

自信的最佳表現，是「堅持」

對某些人來說，自信或許是一種表象的包裝，是那種在人前很敢表現、天塌下來也不怕的氣勢和姿態；但是對藝人范逸臣來說，自信卻有著另外一種不同的定義：自信的最佳表現，是「堅持」。

從一鳴驚人、人氣超夯的唱片新人王，逐漸淪爲走下坡、繳白卷、失去舞台的過氣歌手，之後轉戰大銀幕，因演出《海角七號》中的郵差「阿嘉」一角而鹹魚翻身，成爲身價飆漲的一線男明星，范逸臣的演藝生涯經歷了大起和大落。

人在處於巔峰的時候，很容易找到自信，說話可以特別大聲，眼神也總是閃閃發亮；但是跌落谷底之後，所有讓人自我滿足、感覺良好的理由瞬間消失了！

這個時候，人沒有辦法再相信自己其實很好、很有能力，他只能相信：堅持下去，情況總有一天會改變！

就在范逸臣陷入低潮，打算退出演藝圈時，一位前輩的話鼓勵了他，告訴他「戲棚下站久了就是你的」，讓他再度對自己的演藝之路燃起信心。

他不放棄每一個機會，嘗試多方面發展，果眞在電影中大放異彩，爲自己的演藝事業再創高峰。

范逸臣說：「人不可能永遠處於巔峰的狀態，縱使我現在的狀態還不錯，我也不知道這樣的狀態能維持多久。所以，別管狀態如何，最重要的是你仍然留在這個戰場上，仍然在打仗，沒有被打敗，那麼只要還有一口氣在，就都還有機會。」

人們常犯的一個錯誤，就是把自信和狀態畫上等號。然而，隨著狀態好壞而起伏跌宕的信心，根本不堪一擊。

打勝仗靠的不是自信，而是機運，但是我們仍然需要信心，因爲信心能夠讓我們在打敗仗的時候還有勇氣留在戰場上，繼續堅持下去，直等到勝利的機會來臨。

簡單而言，能夠堅持到底，就是自信。

聽說阿拉伯人選名駒，靠的不是看哪一匹馬先跑到終點。

很懂馬性的阿拉伯人，會故意不讓馬匹在賽跑的過程中喝水，一

連讓牠們渴上好幾天。

這時候，會有一輛車子出現，車上載著一桶一桶幾乎要滿溢出來的泉水，開往與終點相反的方向。

大部分的馬都會禁不住水的誘惑，忘了目標轉而跟著車輛走。只有少數幾匹馬能夠不爲所動，繼續往終點的方向前進，於是牠們成爲聞名世界的阿拉伯名駒。

名駒和普通馬匹的差別，正在於名駒在最乾渴、最軟弱的時候，都還能堅持不懈，忍耐到勝利爲止。

忍耐比會跑更重要。

原來，有自信的人未必堅持完美、近乎苛求，他們只是堅持到底、等待奇蹟。

【這樣就能有自信】

堅持之前還有更重要的部分，你必須知道自己要堅持什麼。

~香港電影導演　陳可辛

當隻醜小鴨也沒什麼不好

你知道全球最快樂的國家在哪裡嗎？英國一所大學發表研究報告顯示，丹麥是全世界最快樂的國家。

丹麥人的快樂，主要來自於他們生活方面的不虞匱乏，以及心靈層面的滿足樂觀。

而對丹麥人的人生哲學影響最大的，莫過於史上最偉大的丹麥作家安徒生。

安徒生出生於一個貧窮的家庭，父親是鞋匠，母親是洗衣婦。十歲那年父親過世以後，安徒生被迫輟學，開始過著四處打工的生活。

由於他的體型瘦弱，個性羞怯，所以經常被打工的同事戲稱他是女孩子，還曾被脫下褲子檢查過。

嘲弄和羞辱對安徒生來說，和吃飯喝水一樣頻繁。

然而，艱苦的童年並沒有讓安徒生因此失去自信，他在很小的時候，就接受了「我的家境貧窮」這個事實。

每當同年齡的孩子有什麼好吃的、好玩的，安徒生都只能在一旁眼巴巴地望著他們。

但是，他並不羨慕他們，反而告訴自己：「貧窮並不是什麼大不了的事，我只不過比他們少了一點微不足道的東西而已。」

爲了尋找生命的出口，十四歲時，安徒生帶著很少的錢，一個人前往舉目無親的哥本哈根碰運氣。

起初，他想當歌劇演唱家，但當他好不容易靠著出眾的音色考進劇院後，他的嗓子卻壞了。

在劇院中他不能唱歌，只好轉去跳舞，然而，跳了沒多久，安徒生就因爲疏於練習而被趕出了劇院。

孤獨受挫的生活讓安徒生一頭栽進無邊無際的想像世界中，他開始寫作，沒想到寫出來的作品卻飽受批評。他身邊的人認定他個性古怪、不會有什麼好下場，安徒生感到絕望萬分，但是他依然決定要奮戰到底。

一直到三十歲的時候，安徒生發表了他的第一部小說《即興詩人》，從此一炮而紅，同時也出版了第一部分的安徒生童話。

安徒生童話之所以廣受後人喜愛，和他在故事中所傳達的獨特見解有關。

若不是靠著這樣的信念，飽受命運捉弄的安徒生根本不知道要怎麼撐下去。

安徒生的童話中處處可見「人人平等」的思想，例如那個穿新衣的國王，財大勢大，卻仍逃不過人性的弱點，落入了虛榮的陷阱。可見，每個人的內心深處同樣光明，也是同樣黑暗。

安徒生相信，「你沒有比別人好，也沒有比別人優秀；換言之，你也絕對不會比人差。」

無論是化身天鵝的《醜小鴨》、假冒豪門的《豌豆公主》，或是看盡人情冷暖的《賣火柴的女孩》，都在表達這樣的理念。

就是這種與主流價值背道而馳的觀點，使安徒生名揚四海，甚至把自信、謙遜和開闊的胸襟深植入丹麥的文化裡。

丹麥人從來不「人比人，氣死人」，不管你是什麼人，在他們眼

裡看來都一樣。

在丹麥，有句俗語說：「如果有人爬得很高，那就要有人把他拉下來，就像丹麥的地形一樣，沒有山脈。」

原來，有自信的人一樣有可能是隻醜小鴨，他們只是相信人人平等，每個人同樣尊貴與軟弱。

醜小鴨和天鵝一樣好，路邊攤的衣服好過國王的新衣。如果有人爬得很高，那就要有人把他拉下來，何必爲了一些微不足道的東西而失去了信心？

【這樣就能有自信】

成功不應該是人生這麼重要的價值，人生應該是無聊與意義共存的。

～作家　蔡康永

走出黑暗的叛逆少女

大小S是許多女生羨慕的對象，她們不但長得漂亮，有才華又會賺錢，更重要的是，她們非常勇於作自己。

在螢幕上總是表現得信心十足、快人快語的小S，曾表示自己私底下其實不是那麼有自信。

青春期的她是個叛逆少女，對人生充滿黑暗的思想。

「當時我心中莫名懷著一股恨意和憤怒，覺得這個世界對不起我，沒有人了解我。我曾激烈地把畢業紀念冊撕破、用破磁磚把手割傷，還在搭公車時故意握著拉環露出傷痕，只希望有人會注意我、心疼我。」

然而，別人的關心和注意並沒有讓小S變得比較快樂，就連路人發現她的陰鬱，好心遞給她一張寫著「加油」的紙條，也沒有因此讓她的天空變得更藍。

後來，小S理解到，那是因爲她把自我放得太大，才會這麼在意

別人有沒有關心她、夠不夠瞭解她。個性改變後的小S開朗樂觀，遇到不開心的事情，她的第一個反應是：「算了，沒差！」

這樣隨遇而安的性格讓她在鎂光燈前比其他藝人更放得開，她率眞、不做作的表演風格獲得觀眾的喜愛。回憶年少歲月，小S滿懷感恩地說：「人生沒有挫折不完整，經過這些事才能更了解自己。」

不僅小S曾經走過人生的低谷，大S也在多年前因爲演藝事業壓力過大而罹患了憂鬱症。

憂鬱症讓大S每天情緒沮喪低落，不知道自己活著有什麼意義，失眠、厭食、自殺、還差點拿刀子攻擊母親！這樣的生活簡直生不如死。

一直到大S厭食的症狀太過嚴重，醫生告訴她，她很可能會餓死，這時她才想到：「爲什麼我要讓一個疾病控制我到這個地步？不行！我要反抗！」

她慢慢體會，這樣下去受傷最深的會是自己，唯一能救她的，也只有自己。

就是這種「不改變不行」的堅強意志力，讓大S走出憂鬱的陰霾，再次擁抱陽光。

現在的大S，對自己更加有信心。若是再遇到挫折時她要怎麼辦？大S認眞地說：「我一定會咬牙忍過去！」

幾乎每個女生都想要像大小S一樣有自信，然而，不放下自我、不願意改變的人，不可能找到眞正的自信。

小S之所以能夠活得那麼開心自然，不畏懼別人的眼光，是因爲她發現了「我」其實沒有那麼大、那麼重要。

大S之所以能戰勝病魔，重拾卓越亮眼的人生，是因爲她知道不能要求別人改變，別人也不能幫助她改變，除非她願意改變自己。

原來，自信不是與生俱來的能力，而是後天養成的個性。而這樣的性格，從放下自己開始。

【這樣就能有自信】

你要放掉一部分，才知道你擁有整片天空。

～藝人 柳翰雅

Part 5.

殺死信心的十句話

我不用再追求自信，也不會再懷疑自己，因為我知道祂對我有個美好的計畫，祂必看顧我的每分每秒。

如果做不好怎麼辦？

「如果做不好怎麼辦？」光是這句話，就足以封殺一個突破的契機。

恐懼是人之常情，人在面對未知的結果時，本來就會感到害怕。但若經驗增加了、資歷增長了，恐懼自然而然就會不見了。

人們之所以會感到恐懼，是因爲我們擔心自己無法承受失敗的後果。

在各行各業中，壓力最大、時時得和恐懼奮戰的，非醫生莫屬，因爲他們手中掌握的是人命。

「如果做不好怎麼辦？」這個問題他們連想都不敢想。

一旦他們判斷錯誤，病人就失去了採取最適當療法的時機，輕則延長病人的痛苦，重則攸關生死。

若是一個醫生無法戰勝自己的恐懼，就無法在關鍵時刻作出明智的決定。

遇到關乎生死的問題，他會請病患轉院另請高明；發現有比自己更資深的醫生在場，他會立刻把決定權交給他。

試問這樣的醫生還有什麼前途可言？他或許永遠不會醫死人，但也很難運用自己的專業去救人。

我的一位醫生朋友，每天看診之餘，晚上回到家裡，還要花上好幾個小時研究國內外的病例。

不知道的人都以爲他對醫學懷有極大的熱情，他卻說：「我只是藉由這個方式克服我內心的恐懼。除非我確定自己有足夠的專業知識，否則我沒有信心爲病患的病情作判斷。」

看樣子，想要勝過恐懼、不斷往前突破，最好的方式，就是「練習」。

醫生爲什麼能夠用刀劃開病患的頭蓋骨而不手抖？因爲他們曾經練習過。

患有人群恐懼症的人，要怎樣才能在眾人面前自在地開口說話？除了不斷練習以外，沒有別的方法。

走鋼索的表演者如何戰勝自己的恐懼？答案是，透過一次又一次的練習。

練習未必能創造完美，畢竟每個人的天賦不一樣。《哆拉A夢》裡的胖虎再怎麼努力練唱，唱出來的歌聲一樣是五音不全。

但是，練習能夠幫助我們跨出第一步，恐懼會隨著經驗的增加愈來愈少，自信會因此愈來愈多。

如果練到精疲力盡卻還是恐懼得不得了，那表示你的確不適合被放在這個位置，應該趕快尋找另外一條屬於自己的跑道。

或許有的人會說，早知道結果是這樣，乾脆一開始就放棄不是比較好？

一開始就放棄，你永遠不會知道自己適不適合。

沒試過就放棄，向恐懼屈服，那不叫「放棄」，叫作「退縮」；努力過了才放棄，認清自己的極限和天賦，此時的放棄是一種勇敢自信的決定。

原來，有自信的人不是不會放棄，差別在於，他們會因爲「不適合」而放棄，不會爲了「恐懼」而放棄。

【這樣就能有自信】

生涯是「準備」出來的，不是「規劃」出來的。你想做什麼，不如你準備好做什麼。

～喜士多總經理　魏正元

這一定都是我的錯

想要勝過恐懼，一個方法是增加自己的能力和經歷，另外一個方法則是不要把過多的責任往自己身上攬。

爲什麼人會感到恐懼？因爲我們總覺得自己要爲失敗的後果負上全部的責任。

然而，事實並非如此。

我在很小的時候，就已經知道責任所帶來的恐懼，會對人造成多大的壓力。

小學時候的我，因爲課業成績優良的關係，幾乎每學期都會被老師指定擔任班長。

偏偏我讀書考試一級棒，領導能力卻掛零。

在我忙得團團轉卻不知道在忙什麼的領導風格下，我的班級秩序倒退、壁報做不出來，整潔評分位居全年級倒數……，我這個班長難辭其咎，壓力大到我每天早上上學時都會莫名其妙地覺得肚子痛。

我把我的不快樂全寫在臉上，很快的，班導師就發現了我的狀況。

她問我爲什麼這麼不開心？我告訴她，我覺得班級風氣不佳，都是因爲我治理無方，我辜負了老師和同學對我的期待，我覺得自己是個很糟糕的班長！

我的班導師是個很有耐心也很有智慧的人，她只問我：「妳盡力了嗎？」

我一邊掉眼淚一邊點頭，天知道我在這件事情上付出了多少努力！

然後，她又問我：「妳還有沒有可能再做得更好？」

我仔細想了想，再次點點頭。我知道，經驗會讓我做得越來越好。

「這就對了！」老師說：「把事情做得更好，是妳的責任；而我們班的風氣怎麼樣、在學校排第幾名……，不是妳該負責的，那些是老師的責任。別忘了，是老師選妳作班長的，老師相信妳，所以把整個班級交給妳來管理，不管妳管理得好不好，我都要爲我自己作的決定負責。」

老師的話像一把又大又堅固的傘，撐住我的上空，爲我抵擋了漫天的風雨。

進入社會以後，我發現，恐懼和突破是分不開的。

若是想要突破現狀，就必須迎接新的挑戰；若要迎接新的挑戰，就勢必要面對內心的掙扎和恐懼。

每當接到一個從來沒做過的案子、嘗試又大又難的新鮮事，或是和陌生人打交道時，我都會感到害怕，很擔心自己會把事情搞砸。

此時，我都會想起老師的話，對自己說：「人家願意給妳表現的機會，是因爲他相信妳，所以他願意選擇妳。如果做不好，是他看錯了人，他自己要負這部分的責任；而妳的責任，就是全力以赴，把事情做到最好！」

這樣的想法讓我不管在赴湯蹈火或是衝鋒陷陣時，肩膀都不會感到沉重，胸口也不會感到壓迫。

正因爲我的肩膀是輕鬆的，所以腳步可以走得更飛快。

只有不知道自己有幾斤幾兩重的人，才會一味把責任往自己身上

攬。

負責任是很好的態度，但是過度負責、過度要求自己，就是不負責任的完美主義。

原來，有自信的人未必有過人的抗壓性，只是不該他扛的責任，他不扛。

【這樣就能有自信】

只要全力以赴，不要管結果，最後你會發現，很多目標你都會達到。

~新聞主播　張雅琴

完蛋了！死定了！

在許多人眼裡，我是個很有自信、態度從容、臨危不亂的人，他們不知道，這是因爲我成長過程中經歷了太多需要信心的時刻。

小學的時候，我受邀到一場音樂會中演奏鋼琴。當投射燈照在我一個人身上，全場數百名觀眾的眼睛都盯著我看時，我竟彈到一半，忘了下一個該彈的音是什麼，楞在台上好幾秒鐘。

全場鴉雀無聲，安靜到連觀眾們交頭接耳用氣音說「她忘記了」的聲音都能傳到我耳朵裡。

我很想表演昏倒、憑空消失或奪門而出之類的戲碼，但爲了不辜負鋼琴老師對我的期待，我還是決定先把曲子彈完以後，要怎樣再說吧！

長大以後，我成爲作家，出版了許多書籍，經常受邀到各地去演講。

記得我的第一場演講是在新加坡，預定演講時間是一小時。

但當我把準備的講稿內容通通講完後，我發現時間才過了二十分鐘……而我已經無話可說了，這下子該怎麼辦？

腦袋一片空白的我，只好故作鎮定開放聽眾發問，想透過和觀眾的互動來填滿剩餘的四十分鐘。

只是，任憑我再怎樣諄諄善誘、好話說盡，台下卻沒有聽眾想當第一個提問者。

所有人你看我、我看你，然後大家一起朝我這裡望過來，好像在看我還能變出什麼樣的戲法來。

氣氛凝結在那裡，我眞希望世界末日這一刻就來臨！

幸好，天無絕人之路，我急中生智，立刻因應民情改變策略，邀請聽眾們把問題寫在紙條上，再傳到台前來。

結果，救命用的紙條絡繹不絕地湧到台前，一直到預定時間到了我都還無法一一回答完。

演講圓滿落幕，我也保住了我的作家招牌。

想想看，如果你遇到了類似的狀況，你會怎麼辦？

很幸運的，這些事情發生在我身上，讓我知道，沒有什麼問題是解決不了的。

遇到天大的問題，只要想到這一點，我的自信便油然升起。

很多人沒有自信，是因爲他們一遇到困難，就立刻唉唉叫說：「完蛋了！死定了！」

他們的情緒非常著急，態度卻一點都不積極。

沒自信的學生遇到考試，總會急得像熱鍋上的螞蟻，拚命嚷嚷著：「完蛋了！死定了！」但平時他們讀書的態度卻不見得有那麼積極、那麼火熱。

沒有工作的人對自己的未來感到很煩悶、很著急，但是卻不願意積極到外面去找工作，反而整天窩在電腦前逃避現實。

著急而不積極，結果當然是「完蛋了！死定了！」

要記住，著急是一種情緒，積極是一種態度。

有自信的人相信他的積極會爲問題帶來美好的轉圜，所以他不著急。

原來，自信不是情緒或感覺，而是態度和品格。

【這樣就能有自信】

不管教練給什麼指示，我都會盡全力達成。

～旅美職棒投手　王建民

他怎麼可以這麼對我

女孩說，她對自己沒有信心。

她剛從大學畢業，進入一家貿易公司工作。這家公司表面平靜，同事私底下卻鬥爭得很厲害。

她是職場菜鳥，上班的第一天完全搞不清楚狀況，不知道辦公室用品放在哪裡，也不懂呈給上司的報表要怎麼填。

她主動去詢問負責訓練她的前輩，沒想到前輩卻冷冷地對她說：「大家都領一樣的薪水，我沒有義務要教妳！」

「他怎麼可以這麼對我！」女孩覺得委屈，心裡氣憤難平。

在家裡，女孩的日子也不好過。

她和母親相依爲命，賺來的錢幾乎全數交給母親，母親卻仍然不斷地挑她毛病，嫌她賺的錢太少。

「妳啊，就是能力不夠又不會看人臉色，所以才不像別人在公司裡升職加薪得那麼快！」母親總是這麼毫不留情地批評她。

「她怎麼可以這麼對我！」女孩覺得自己已經很努力了，沒想到連至親的人都不願和她同舟共濟。

家庭、事業兩失意，女孩渴望在愛情裡得到安慰和滿足。

偏偏她的男朋友是個花心男，女孩總會在男朋友的手機裡看見不同女生傳來的曖昧簡訊，因而和男友起爭執。

起初，那個男人還自知理虧，會不斷地用甜言蜜語哄回她的心。

後來，次數多了，男人辯解的藉口用光了，便轉而惱羞成怒、作賊喊抓賊地指著女孩的鼻子說：「要不是妳不懂打扮，又常常跟我吵架，我也不會去找其他的女人！」

「他怎麼可以這麼對我！」女孩傷心欲絕，連眼淚都流不出來。

她覺得世界這麼大，卻找不到一個眞正在乎她、珍惜她的人，她不知道自己活著到底還有什麼意義。

女孩寫信向我求救，我告訴她：「他們這樣對妳，是因爲他們自己也有傷口，妳要安慰他們。」

她是個很善良、很溫柔的人，聽了我的建議之後，就立刻轉變自己的態度，試著去看別人的傷口，不去看自己的感覺。

當同事拒絕她時，她回答：「對，你沒有義務要教我，我知道這樣對你很不公平，但是我眞的什麼都不會，很需要你的幫助。」

當母親挑剔她時，她說：「對，我的能力眞的不夠好，沒有爲家裡賺更多的錢，沒辦法給妳安全感，讓妳受委屈了。」

當男友攻擊她時，她咬著牙說：「你說得沒錯，我就像你形容的那樣，又不會打扮又愛跟你頂嘴，我不懂得體諒你，眞的很抱歉。」

不管別人怎麼罵她，她就是照單全收，即使那些人講的不是事實，她還是流著眼淚，默默地承受。

對方看見她這麼低的姿態，自然也無法再繼續攻擊她，反而會改口說：「沒有啦，其實這也不是妳的錯……」她的人際關係因此改善許多。

一開始，女孩常常嘴上說的是一套，心裡想的仍然是從前那一套。她之所以願意放下身段，只是單純地想要獲得對方的憐惜。

但漸漸的，她越說越自然，越說越眞心，她眞的覺得，自己就是這麼不足、這麼不夠，就是眞的有那麼多缺點。

她不再想去證明自己沒有人家說的那麼差，不再想去證明自己其實很好，說也奇怪，當她放棄去證明自己以後，她突然覺得很輕鬆、很自由，別人輕蔑的批評、惡毒的話語，都再也不能傷害到她了！

女孩說，現在的自己，簡直和「鋼鐵人」一樣刀槍不入，她對自己充滿了信心！

她認爲，面子很重要，尊嚴也很重要，但是，和別人心靈的瘡疤比較起來，她的面子和尊嚴又算什麼呢？

「他」這個字，右邊是「也」，左邊是「人」，可以解讀作：「他」「也」是「人」。他也和你我一樣，期待被瞭解、被原諒。

原來，有自信的人並不那麼在乎自己的面子，在捍衛自尊之前，他們會先去體貼別人的傷口。

【這樣就能有自信】

如果不能把身段壓低，是沒有東西可以進來的。

~奇想創造執行長　謝榮雅

我做不到，太難了

想過過看悲慘的日子嗎？方法很簡單，你只要不斷重覆「我做不到」這句話就可以了！

一個人之所以有自信去做大事，是因爲他曾經完成過許多小事；但若他對著每一件事都說：「我做不到，太難了！」他很可能連完成小事的機會都沒有，更別提要去闖一番大事業！

自信是累積出來的；缺乏自信，也是因爲積習難改的關係。

我認識的一個高中生，頭腦非常靈光，個性卻非常負面。只要一遇到挑戰，他就會不假思索地說：「我做不到，太難了！」

這學期，他下定決心要用功讀書，果眞成績突飛猛進，從原來的二十幾名一路進步到第五名。

他很開心的跟我分享這個好消息，我鼓勵他：「下次一定可以進步到前三名！」

然而，他卻習慣性地搖著頭說：「不可能，我做不到，太難了！」

我提醒他：「以前你考二十幾名時，你也覺得要考到第五名是件很困難的事，但現在你卻辦到了，不是嗎？前三名對你來說不是不可能！」

我明白，老是說自己做不到的人，並不認爲自己眞的做不到，他們只是害怕失望，所以不想讓自己有任何揮棒落空的機會。

與其讓自己抱著期待，不如一開始就告訴自己「太難了，我做不到！」

問題是，有什麼事情是比「我做不到」更令人失望的呢？

還是對自己誠實一點吧！去面對你內心眞實的渴望。

其實你很想做到，其實你不想就這麼放棄，對嗎？

那就閉上你的烏鴉嘴，轟轟烈烈地去拚一場吧！戒掉說喪氣話的習慣，改口說：「我不知道自己做不做得到，但是我會盡最大的努力試試看。」

這才是你的眞心話，我沒猜錯吧！

事情本該容易一點，不像我們想的那麼困難，但消極的態度加上抱怨的習慣，會讓每件事情都變得非常困難，幾乎讓人難以忍受。

爲了要累積自信，相信自己總能做到一些什麼，我用運動來鍛鍊自己的毅力，因爲運動是我最不擅長的事情。

我的手腳協調性很差，運動神經大條得像電線桿一樣粗。

但我發現，只要持續反覆地練習，幾乎沒有我學不會的運動。

雖然我練習的時間必須比別人多上好幾倍，雖然我再怎麼努力也做不到和一般人一樣的水準，但至少我做到了！

運動讓我轉換思考的頻道，讓我明白，雖然很難，但只要不放棄，就一定做得到！

運動也讓我對自己的能力更有信心。

當我一口氣跑完了三千公尺，我知道我可以在人生的道路上繼續跑下去。

當我潛到了奇妙夢幻的海底，我知道這世界上沒有任何我到不了的地方。

想想看，有什麼事情是你覺得很困難、你做不到的？那就趕快去做吧！

沒有什麼事情是做不到的，除非你不想；一旦你「想」做到，你會願意一直投入，碰到瓶頸更會想盡辦法解決，意志力將引導你不停往前邁進。

原來，有自信的人不會誇大其詞地說「我一定做得到」，他們只會誠實地告訴自己：「我很想做到！」。

【這樣就能有自信】

如果你能想到，你就能做到。

~迪士尼樂園創辦人　迪士尼

如果他**不那樣**，我就**不會這樣**

沒自信的人總是說：

「如果我出生在有錢人家，我就不會一事無成。」

「如果我的父親沒有遺棄我，我就不會成天醉酒鬧事。」

「如果我的男朋友多花點時間陪我，我就不會生他的氣。」

「如果我能擁有更多的錢……」

「如果我長得再高一點……」

如果！如果！如果！如果這些如果永遠不會成眞呢？

儘管有這麼多的如果，人生還是有很多美好的事物值得我們去追尋，不是嗎？

沒自信的人卻還是會說：

「可是我沒有時間。」

「可是我沒有勇氣。」

「可是我沒有機會。」

「可是我沒有錯……」

「如果」和「可是」是毀掉自信最有效的兩大武器。講出這兩句話，表示你根本不想突破現狀，只想要耍賴！

我也曾是這兩句話的愛用者。因爲小學時換了三所學校，必須不斷適應新環境和新同學，導致我在人際方面出現了問題。

我渴望融入人群，卻又害怕與人太過親近。我擔心和對方混熟了以後，又要面對分離。因此，我和大多數人都僅限於點頭之交，知心的朋友沒有幾個；我很容易和人打成一片，但是卻很難向朋友吐露心事。

「如果不是因爲成長背景對我造成的影響，我和人的關係就不會這麼疏離。」我不知道這麼對自己說了幾百次！

一直到有一天，我發現，我不能再拿這件事當作藉口，拒絕改變自己的性格。若是我眞的想要改變這樣的情況，眞的想要學習用正確的方式經營友誼，那麼，我就必須面對關於自己的眞相。

眞相是：沒錯，是我的成長背景導致我在人際方面這麼失敗，但我眞的就是這麼失敗！我很少主動去關心別人，也不容易信任人，但我卻很想要獲得大家的喜愛……。

要這麼赤裸裸地面對自己、檢視自己，滋味肯定不好受！但一切的改變也從這裡開始，再也沒有「如果」，再也沒有「可是」，我必須為自己的問題負責，而且我相信靠著那加給我力量的，我能夠反敗為勝，扭轉自己的情況。

原來，有自信的人一樣會背著過去的包袱，他們只是不會白費力氣去想：「如果沒有這個包袱……」。

【這樣就能有自信】

生命要不斷接受挑戰，若你學了一身功夫，只敢在游泳池裡划船，永遠不會知道海洋的美麗。

～亞都麗緻集團總裁　嚴長壽

我哪有

不知道你身邊是否也有這樣的人：這種人一點刺耳的話都聽不得，一旦你對他稍有微詞，或是表現出不滿的態度，就會引起對方激烈的反應，不停爲自己爭論、辯解、反駁……。

我管這樣的人叫作「完美先生」和「完美小姐」，因爲他們一點缺點都不能被人講，一點小瑕疵都會讓他們受不了，世界上怎麼可能還有比他們更「完美」的人呢？

「完美先生」和「完美小姐」，通常眼界很高，心胸卻很狹窄。他們不能容許自己不完美的地方被人看見，一旦缺點被人舉發或糾正，就會立刻啓動防衛機制，用盡各種方式來證明「我哪有！」

「完美先生」和「完美小姐」通常自尊心很高，自信心卻很低。他們沒辦法接受別人講的有可能是事實，很容易因爲一點小事就覺得丟臉沒面子。

當然，他們也絕對不會承認自己是「完美先生」和「完美小姐」。

「完美先生」和「完美小姐」努力保持完美，卻忘了完美的併發症，叫作「驕傲」。總覺得自己是對的，習慣把別人的意見當耳邊風，這不是驕傲是什麼？如同聖經箴言所說：「驕傲在敗壞以先；狂心在跌倒之前。」（十六章18節）驕傲狂妄的人，免不了會經歷比別人更多的挫折和失敗。

已故的資深藝人高凌風，也曾經是個驕傲的「完美先生」。想當年，他曾是名利雙收、紅極一時的綜藝大哥大，卻因演出走下坡、投資失利，落得舉債度日。

回顧從前那個意氣風發、目中無人的自己，高凌風有了深刻的悔悟，他認為：「既然我會落到這個地步，表示我過去所作的決定都是錯誤的。當時別人勸我的意見，我都不聽；別人建議我去做的事，我都不做。現在我要反過來，不再照著自己的意思走。我自己想做的，我偏偏忍著不去做；我不願意做的，我反倒要去做！」

就在高凌風事業陷入低潮之時，有個綜藝節目找他上電視模仿當時的玉女歌手徐懷鈺。對於年過半百、德高望重，身為秀場天價紀錄保持人的高凌風來說，要女扮男裝去模仿一個小女生，根本是在紆尊

降貴、惹人笑話！

當時，高凌風的心裡有千百個不願意，但是他終究還是違背自己的心意，決心要聽從別人的建議，硬著頭皮戴著假髮上陣了！

結果，這個模仿秀引發觀眾激烈的討論，高凌風因此從谷底翻身，黯淡許久的演藝事業再現曙光。

高凌風的成功，不僅僅是因爲他勇敢承認錯誤；更重要的是，他願意在承認錯誤之後立即作出改變。

大多數的人，總是聽不進別人的話，又不認爲自己需要改變。聽不進別人的話，是一種固執；不認爲自己需要改變，是一種主觀。

俗話說：「忠言逆耳。」越是不好聽的話越有可能是事實。下一次，當別人、特別是關心你的人挑你毛病時，你應該知道要如何反應了！

原來，有自信的人在被人批評時，不會說：「我哪有！」而是說「我會改！」

【這樣就能有自信】

在正確的時間點上，永遠要作一些超出自己熟悉範圍的決定。

～明基友達集團董事長　李焜耀

我不喜歡輸給別人

沒自信的人最喜歡和別人競爭和比較。然而，越去競爭、越去比較，這個人會越來越沒有自信。

我去運動中心游泳的時候，碰到很多在學游泳的小朋友。其中有個孩子，每次上課時都很不認眞，教練要求他練習，他也只願意做做樣子划個兩下，學習態度十分不佳。

但有趣的是，只要教練讓他和別的小朋友一起比賽，他就會認眞地踢水，賣力地前進，一心想要超越對手。

我忍不住去問那個孩子：「游泳好玩嗎？」

他說：「贏了就很好玩。」

「爲什麼一定要贏？」

「因爲我不喜歡輸給別人。」

這個孩子才不過五、六歲而已，就已經這麼在乎輸贏。他不能體會學習的快樂，也無法享受一點一滴進步的成就感，他只想要嚐到勝利的滋味。

這種好勝的性格使教練不知道該拿這個孩子怎麼辦，其他小朋友也都不喜歡跟他一起玩，我經常看到他一個人在游泳池畔孤獨的身影。

我想，好勝的人應該是世界上最沒自信的一群人了。因爲他們必須用很多光環和掌聲，才能肯定自己存在的價值；要用很多獎牌和名牌，才能掩蓋自己內心的空虛。

眞正有自信的人，不會害怕別人比自己好，反而會希望身邊的人都和自己一樣好。

我有個朋友，在科技業擔任電子工程師，負責研發一些新的技術。

這一行的競爭很激烈，每個人都希望自己手中的技術是最稀有、最特別的，但是這位朋友總是很大方地和同事分享自己的研究結果，他覺得這樣可以節省公司的資源，讓同事不用再花時間去做相同的事情。

有時他也會想：「這麼一來，我會的東西大家都會了，我在公司裡好像沒有什麼競爭力，別人很容易就能取代我的位置。」

他知道自己這麼做是在白白便宜大家，但他還是堅持不去和人競爭，不怕輸給別人。

結果，他的工作態度獲得了老闆的賞識，到了年底時，老闆要選一個人勝任部門主管，手上沒有掌握任何獨家熱門技術的他，居然雀屏中選，薪水還加了百分之二十！

老闆說，他總是把自己的研究結果公開給別的同事看，考量團隊利益，而不是只計較個人績效，整個部門中沒有一個同事會提防他、討厭他，由他來擔任部門主管，是最適合不過了。

人與人之間，競爭衝突的事情很多——爭利益、爭對錯、搶風頭，這都是因爲我們經常唯我獨尊，心裡很少想到別人。爭強鬥狠的習性，讓我們的眼裡只看得見自己。

若是能夠放下與人競爭的念頭，那麼，當我們看見別人成功，便能夠去欣賞；看見別人比自己強，便能夠不嫉妒；被別人辜負時，我們能包容；被別人得罪時，我們能饒恕；這才是瀟瀟灑灑的快意人生！

原來，自信不是只做對自己有好處的事，而是去做對別人有好處的事。我能做，我就做。有自信的人是不怕吃虧的！

【這樣就能有自信】

一個人的價值，應當看他貢獻什麼，而不是看他取得什麼。

～現代物理學之父　愛因斯坦

我又沒做錯什麼事

不知你有沒有注意到，很多沒自信的人看起來都是乖乖牌，他們是在團體中最不會闖禍，但也最不容易受人注意的那種人。

套用直接一點的形容詞就是沒有「存在感」，常被人當空氣！

這樣的人總爲自己打抱不平，說：「我又沒做錯什麼事！」

問題是，他們也沒做對什麼事！

做錯事和什麼事都沒做，結果通常是一樣的。舉例來說，我們很可能因爲說錯話而得罪人，也可能因爲沒有把該說的讚美和感激之語說出口，因而讓對方感到不舒服。

該做的事不去做，基本上就已經是一種錯。

這種多一事不如少一事、漠不關心、不冷不熱、懶散的心態，總歸而言，叫作「被動」。

被動的思想讓人容易錯過最佳時機，做事沒有效率又毫無實際的建樹，可想而知，被動的人很不容易成功。

偏偏一般人都不認爲那是什麼大問題，他們說：「我只是被動了點而已，我又沒做錯什麼事！」

曾有個男生在MSN上向我訴苦，說他總是收到「好人卡」，他喜歡的女生都說他是一個好人，卻又不願意當他的女朋友。

他問我：「我到底哪裡不好？我不抽菸、不喝酒，也有穩定的工作，爲什麼就是沒有女生肯接受我？」

他的意思是，我又沒做錯什麼事！這些女生還眞是不識貨！

根據我的觀察，這個男生外型不差，各方面的條件也還算及格，唯獨他的動作眞的很慢，做起事來總是婆婆媽媽外加拖拖拉拉。

比如說，我曾經請他幫我拷貝一張資料光碟，五分鐘就能完成的事，他卻花了一、二個月的時間才完成。

可別以爲他是個一秒鐘幾十萬上下的大忙人，除了正常上下班之外，他幾乎哪裡也不想去，什麼事都不想做。

他只想坐在那裡等待好事降臨在他身上，他不想冒險去碰任何可能會失敗的事。

我不知道他的生命中究竟經歷了多少挫折失望的時刻，但我知道

若是想擁有更美好的人生，他必須先改變自己被動消極的性格。

簡單來說，就是別想偷懶！

我相信，一個人只要不偷懶，自然能在各方面表現卓越；而一個卓越的人，不管走到哪裡，都一定會受到大家的歡迎。

千萬別聽信「多做多錯，少做少錯，不做不錯」這樣的迷思，就算是天才也一定會犯錯，只有躺在棺材裡的死人才什麼事都不用做。

原來，有自信的人一樣會失敗、會犯錯，他們只是不被動、不懶惰。

【這樣就能有自信】

那些會在青史留名的人，都有一個共同的特質：他們都有不斷自我改進的傾向。有這種特質的人，會不斷地自我更新。

～美國海軍名將　詹姆斯．斯達克戴爾

沒辦法，我就是這麼沒自信

人會這麼在乎自己所沒有的東西，是因爲他們認爲自己應該要擁有。

你不會爲了家裡沒有一架直升機，或少了一座游泳池而感到心浮氣躁，但你會爲了少了一個包包，或薪水比同事還少幾千塊而情緒激動，甚至要瀕臨瘋狂的邊緣。

除非你是運動選手，否則，你不會爲了沒拿到奧運金牌而搥心肝，因爲你知道，那本來就不是你該得的，但是你會爲了沒領到年終獎金而氣得大罵老闆三字經，因爲，你認爲那是你應得的。

同理可證，追求自信的人爲自己缺乏自信感到沮喪憂心，是因爲他們認爲自己應該要有自信，他們覺得自己怎麼能夠沒有自信？

問題來了，爲什麼他們覺得自己應該要有自信？

一般人怎麼也想不到，越是追求自信的人，越容易自以爲是。在他們自卑的外表下，隱藏的卻是驕傲的靈魂。

驕傲的靈魂經常說：「我們應該相信自己。」他們眞的是很看得起自己！

虛心的人則說：「我知道自己的不足，所以我要多吸收資訊，接受別人的意見。」

驕傲的靈魂說：「我不能沒有自信，我應該要覺得自己很好。」敢問兄台你是哪位？你眞有自己以爲的那麼好嗎？

虛心的人卻說：「我本來就沒有自信，我本來就不夠好，所以我應該要比別人付出更多努力。」

知識令人謙卑；無知令人驕傲。

很多時候，人們眞正需要的不是自信，而是謙卑。

沒自信就沒自信，有什麼大不了！

正是因爲沒自信，所以我們每一步都走得很小心。

正是因爲沒自信，所以我們知道自己沒有偷懶的權利。

正是因爲沒自信，所以我們知道自己沒有資格狗眼看人低。

正是因爲沒自信，所以我們曉得每一分成功都得來不易。

正是因爲沒自信，所以我們學會了仰望和等候、珍惜和感謝。

從另個角度來看，沒自信何嘗不是一種恩典和祝福？

讓我們別再自怨自艾地說：「沒辦法，我就是這麼沒自信！」相反地，我們要帶著微笑安心地說：「沒關係，我就是這麼沒自信。」

奇妙的是，當一個人展露出謙卑的品格時，正是他最有自信的模樣。

沒自信，沒關係！因爲眞正的信心，未必出於自己。

我很喜歡聖經裡的這段經文，耶穌說：「兩個麻雀不是賣一分銀子嗎？若是你們的父不許，一個也不能掉在地上。就是你們的頭髮也都被數過了。所以，不要懼怕，你們比許多麻雀還貴重！」（馬太福音十章29－31節）

我們的價值並不是取決於我們相信自己多少，而在於我們信靠上帝多少。

每當我把焦點擺在自己身上，我只會看見自己的有限。但是，當我把目光移向雲上那一端，仰望那位創造我、視我爲寶貴的上帝，我就會感到無比的放心。

我不用再追求自信，也不會再懷疑自己，因爲我知道祂對我有個

美好的計畫，祂必看顧我的每分每秒。

原來，有自信的人不怕自己一無所有，因為他知道是誰在掌管明天。

【這樣就能有自信】

我的人生就是不斷開發自己。我常想，這塊海綿還能吸收什麼？我一直覺得好渴，永遠都覺得不夠，永遠都想知道：「我還能怎樣？」

～藝人　郎祖筠

主流出版

所謂主流，是出版的主流，更是主愛湧流。

主流出版旨在從事鬆土工作—

希冀福音的種子撒在好土上，讓主流出版的叢書成為福音與讀者之間的橋樑；

希冀每一本精心編輯的書籍能豐富更多人的身心靈，因而吸引更多人認識上帝的愛。

【徵稿啓事】

主流歡迎你投稿，勵志、身心靈保健、基督教入門、婚姻家庭、靈性生活、基督教文藝、基督教倫理與當代議題等題材，尤其歡迎！

來稿請e-mail至lord.way@msa.hinet.net，

審稿期約一個月左右，不合則退。錄用者我們將另行通知。

【團購服務】

學校、機關、團體大量採購，享有專屬優惠。

購書五百元以上免郵資。

劃撥帳戶：主流出版有限公司　　劃撥帳號：50027271

部落格網址：http://mypaper.pchome.com.tw/news/lordway/

主流有何 Book

心靈勵志系列

書名	作者	定價
信心，是一把梯子（平裝）	施以諾	210元
WIN TEN穩得勝的10種態度	黃友玲著，林東生攝影	230元
「信心，是一把梯子」有聲書：輯1	施以諾著，裴健智朗讀	199元
內在三圍（軟精裝）	施以諾	220元
屬靈雞湯：68篇豐富靈性的精彩好文	王樵一	220元
信仰，是最好的金湯匙：55個越早知道越好的黃金準則	施以諾	220元
詩歌，是一種抗憂鬱劑：40帖帶來幸福的心靈處方	施以諾	210元

TOUCH系列

書名	作者	定價
靈感無限	黃友玲	160元
寫作驚豔	施以諾	160元
望梅小史	陳　詠	220元
打開奇蹟的一扇窗（中英對照繪本）	楊偉珊	350元
在團契裡	謝宇棻	300元
將夕陽載在杯中給我：陳詠異鄉生死七記	陳　詠	220元

LOGOS系列

書名	作者	定價
耶穌門徒生平的省思	施達雄	180元
大信若盲	殷　穎	230元
活出天國八福：喜樂、幸福人生的八個秘訣	施達雄	160元
邁向成熟：聖經雅各書教你活出基督生命	施達雄	220元
活出信仰：羅馬書十二至十五章之生活信息	施達雄	200元

主流人物系列

以愛領導的實踐家：德蕾莎修女	王樵一	200元
李提摩太的雄心報紙膽	施以諾	150元

生命記錄系列

新造的人：從流淚谷到喜樂泉	藍復春口述，何曉東整理	200元
鹿溪的部落格：如鹿切慕溪水	鹿　溪	190元

經典系列

天路歷程（平裝）	約翰・班揚	180元

生活叢書

陪孩子一起成長	翁麗玉	200元
好好愛她：已婚男士的性親密指南	潘尼博士夫婦	260元
教子有方	梁牧山與蕾兒夫婦	300元
情人知己：合神心意的愛情與婚姻	梁牧山與蕾兒夫婦	260元

心靈勵志系列10

一切從信心開始
—— 55篇助您向上提升的信心操練

作　　者：黎詩彥
編　　輯：馮眞理、洪懿諄
封面設計：黃聖文

發 行 人：鄭超睿
出版發行：主流出版有限公司 Lordway Publishing Co. Ltd.
出 版 部：台北市南京東路五段123巷4弄24號2樓
發 行 部：宜蘭縣宜蘭市縣民大道二段876號
電　　話：(03) 937-1001
傳　　眞：(03) 937-1007
電子信箱：lord.way@msa.hinet.net
郵撥帳號：50027271
網　　址：http://mypaper.pchome.com.tw/news/lordway/

經　　銷：
紅螞蟻圖書有限公司
台北市內湖區舊宗路二段121巷19號
電話：(02) 2795-3656　傳眞：(02) 2795-4100

以琳發展有限公司
香港九龍灣啓祥道22號開達大廈7樓A室
電話：(852) 2838-6652　傳眞：(852) 2838-7970

財團法人基督教以琳書房
台北市忠孝東路四段210號B1
電話：(02) 2777-2560　傳眞：(02) 2711-1641

2014年4月　初版1刷
2017年5月　初版3刷
書號：L1401

ISBN：978-986-89894-2-9（平裝）
Printed in Taiwan

國家圖書館出版品預行編目資料

一切從信心開始：55篇助您向上提升的信心操練／黎詩彥著. -- 初版. -- 臺北市：主流, 2014.04

面； 公分. -- (心靈勵志系列；10)

ISBN 978-986-89894-2-9（平裝）

1. 自信 2.生活指導 3.成功法

177.2 103004998